从无到有选址开店 · 从零到一打造团队

资深门店店长教你买卖二手房

吴日荣◎编著

人民邮电出版社
北京

图书在版编目（CIP）数据

资深门店店长教你买卖二手房/ 吴日荣编著. —北京：人民邮电出版社，2017.9（2020.4重印）
ISBN 978-7-115-46764-5

Ⅰ. ①资… Ⅱ. ①吴… Ⅲ. 房地产—销售 Ⅳ. ① F293.352

中国版本图书馆 CIP 数据核字（2017）第 207371 号

内容提要

《资深门店店长教你买卖二手房》是一本为房地产中介门店店长及相关从业人员量身打造的工作手册，本书以Q&A的新颖形式，在一问一答中详细阐述了房地产中介门店的重要作用，深入分析了店长的主要工作内容，具体包括房地产交易常识、如何组建门店、如何做好员工管理、如何做好日常管理、如何做好房源管理、如何做好客户开发管理、如何做好客户接待管理、如何做好成交管理、如何做好客户维护管理等多个方面，最后在附录部分列出了最新房地产经纪管理办法、住房城乡建设部等部门关于加强房地产中介管理、促进行业健康发展的意见。

本书着重突出可操作性，提供了大量的实战范本，为房地产中介门店店长、从业人员提供了可以学习与参考的工作思路、工作方法和成交技巧。

◆ 编　　著　吴日荣
责任编辑　庞卫军
责任印制　焦志炜
◆ 人民邮电出版社出版发行　　北京市丰台区成寿寺路11号
邮编　100164　　电子邮件　315@ptpress.com.cn
网址　http://www.ptpress.com.cn
北京捷迅佳彩印刷有限公司印刷
◆ 开本：787×1092　1/16
印张：13　　2017年9月第1版
字数：180千字　　2020年4月北京第14次印刷

定　价：45.00元

读者服务热线：（010）81055656　印装质量热线：（010）81055316
反盗版热线：（010）81055315
广告经营许可证：京东工商广登字20170147号

前言 preface

二手房经纪服务是房地产中介门店的一项重要业务，是指在房地产市场中，以提供房地产供需咨询、协助供需双方公平交易、促进房地产交易形成为目的而进行的房地产租售经纪、委托代理或价格评估等活动的总称。

我国《城市房地产管理法》对房地产中介服务机构的设置做了明确的规范，规定了房地产中介服务机构应当具备的条件：有自己的名称和组织机构，有固定的服务场所，有规定数量的财产和经费，有足够数量的专业人员，以及法律、法规规定的其他条件。

街上的门店各有各的商品，比如面包房里飘溢着浓香的面包味道、商店的橱窗中摆着各种美丽的衣衫。可是在街上的房地产中介门店，只能看到几台电脑和人们穿梭的身影，没有可以出售的有形产品。房地产中介门店经营的产品是什么呢?

房地产中介门店是靠为买卖双方提供信息、进行信息匹配、促成买卖双方的交易，从而获取佣金收入的机构。可见房地产中介门店的产品是无形的，是生产与消费同时发生的。作为提供信息、协助谈判、促进成交、展示品牌的经营场所，门店的作用是非常重要的。目前我国的房地产经纪行业主要是以店面的形式为主，门店经营管理的好坏直接反映着企业经营的优劣。门店作为贴近消费者、经受消费者甄选的场所，是一家企业在商场上驰骋的前锋部队。

对于房地产中介门店来说，店长非常重要！一个优秀的店长必须具有强大的业务能力，只有这样他才能领导团队有效地开发房源、获取客户、促进成交；店长作为公司承上启下的管理阶层，还要具备强大的执行力；店长还肩负着培养人才的使命，所以他还要有出色的带教能力，并具备销售技巧培训的授课能力；店长与员工朝夕相处，对员工的喜怒哀乐了如指掌，面对各种情况要发挥领导魅力，能够适时激励员工；另外，开店做生意，各种突发事件时有发生，所以店长要能够妥善处理各种事件，能预防及排解各项纷争。

为了帮助刚走上岗位的门店店长快速成长，作者量身打造了《资深门店店长教你买卖二手房》一书。全书共分9章，详细阐述和分析了房地产中介门店店长的主要工作内容，具体包括房地产交易常识、如何组建门店、如何做好员工管理、如何做好日常管理、如何做好房源管理、如何做好客户开发管理、如何做好客户接待管理、如何做好成交管理、如何做好客户维护管理等多个方面。

本书由吴日荣主编，王益峰、王丹、王红、王振彪、杨文梅、齐小娟、陈超、李相田、马晓娟、刘艳玲、冯永华、李景安、吴少佳、陈海川、马会玲、卢硕果、任克勇、曾红、谭双可、梁文敏参与了资料收集和编写工作，滕宝红对全书相关内容进行了认真细致的审核。

目录 CONTENTS

第一章

应了解的房地产交易常识

1

第一节　房地产基础知识

小A：老Q，您好！我是总部来的小A，这段时间就要拜您为师了，请多多关照！*

老Q：你好！欢迎你的到来！总部已经跟我交代过了，让我一定带好你，那就让我们共同学习吧。

小A：我一定认真学习，从最基础的学起。

老Q：说得好，要想成为一名优秀的店长，就得从最基层做起、从最基础的东西学起。作为一名房地产从业人员，你首先要了解一些房地产方面的常识、术语、相关的政策等。只有懂得并熟练掌握这些知识，才能更好地开展后续的工作。

小A：明白，那我就从这些基础知识学起吧。

老Q：那好，我们就从房地产相关概念、房地产市场的划分、房屋的常见类型开始学起。

一、房地产相关概念

房地产相关概念主要有房地产、房地产开发、土地所有权、土地使用权、土地使用年限等，具体如表1-1所示。

表1-1　房地产相关概念

序号	概念	具体内容
1	房地产	房地产即土地、建筑物及固着在土地、建筑物上不可分离的部分及其附带的各种权益
2	房地产业	以土地和建筑物为经营对象，从事房地产开发、建设、经营、管理以及维修、装饰和服务的集多种经济活动于一体的综合性产业。在实际生活中，人们习惯上将从事房地产开发和经营的行业称为“房地产业”
3	房地产开发	在依法取得国有土地使用权的土地上，按照城市规划要求进行基础设施建设、房屋建设的行为
4	房地产产权	房地产所有者对归其所有的房地产享有的占用、使用、收益、处分的权利
5	土地所有权	即国家或农民集体依法对归其所有的土地所享有的具有支配性和绝对性的权利

* 备注：老Q是××地产北京××店的店长，在该店工作了多年；小A是××地产总部的储备干部，总部计划在北京朝阳区××路新开一家分店，让他担任新店的店长。此次，总部派他来跟着老Q学习房地产经纪门店全过程运作管理。

（续表）

序号	概念	具体内容
6	土地使用权	即国家机关、企事业单位、农民集体和公民个人以及三资企业，凡具备法定条件者，依照法定程序或依约定对国有土地或农民集体土地所享有的占有、利用、收益和有限处分的权利。一般包括农用地、建设用地、未利用地的使用权
7	土地使用年限	（1）居住用地70年 （2）工业用地50年 （3）教育、科技、文化、卫生、体育用地50年 （4）商业、旅游、娱乐用地40年 （5）仓储用地50年 （6）综合或者其他用地50年

二、房地产市场的划分

根据流通顺序，房地产市场可以分为一级市场、二级市场、三级市场，具体如表1- 2所示。

表1-2　房地产市场的划分

序号	分类	具体内容
1	一级市场	房地产一级市场是国家作为城市土地所有者直接参与经营的城市房地产市场。国家是一级市场的核心，是最重要的市场主体，其发挥的特殊作用决定了房地产一级市场的垄断性、计划性和产权变动的单向性
2	二级市场	房地产二级市场，是土地使用者经过开发建设，将新建成的房地产进行出售和出租的市场，一般指商品房首次进入流通领域进行交易而形成的市场。房地产二级市场也包括土地二级市场，即土地使用者将达到规定可以转让的土地进入流通领域进行交易的市场
3	三级市场	房地产三级市场是指购买房地产的单位和个人，再次将房地产转让或租赁的市场，就是房地产再次进入流通领域进行交易而形成的市场，也包括房屋的交换。房地产三级市场即通常所说的二手房市场，指房屋或物业在获取产权证件之后进入市场流通，包括二手房的买卖、租赁和置换等市场行为

三、房屋的常见类型

房屋的常见类型有商品房、经济适用房、安居房、房改房、微利房、福利房、集资房、军用房等。不同类型的房屋，其特点和适用法律也不一样，具体如表1-3所示。

表1-3　房屋的常见类型

序号	类型	具体内容
1	商品房	商品房指经政府有关部门批准，由房地产开发经营公司开发的，建成后用于在市场出售出租的房屋，包括住宅、商业用房以及其他建筑物；而自建、参建、委托建造且又是自用的住宅或其他建筑物不属于商品房范围
2	经济适用房	经济适用房是指根据国家经济适用住房建设计划安排建设的住宅。用地一般实行行政划拨的方式，免收土地出让金，对各种经批准的收费实行减半征收，出售价格实行政府指导价，按保本微利的原则确定。该类房屋是具有社会保障性质的商品住宅，具有经济性、保障性、实用性的特点
3	安居房	安居房是指为了实施国家“安居（或康居）工程”而建设的住房，是党和国家安排贷款和地方自筹资金建设的面向广大中低收入家庭，特别是对人均4平方米以下特困户提供的销售价格低于成本、由政府补贴的非营利性住房
4	房改房	房改房是指城镇职工根据国家和县级以上地方人民政府有关城镇住房制度改革政策规定，按照成本价或者标准价购买的已建公有住房。按照成本价购买的，房屋所有权归职工个人所有；按照标准价购买的，职工拥有部分房屋所有权，一般在5年后归职工个人所有
5	集资房	集资房属经济适用房范围，是政策性住房，是企事业单位为了解决内部职工的住房问题，以自身拥有的划拨土地建设、按成本价出售给内部职工的房屋，该类型房屋不能在市场上自由流通
6	福利房	福利房指政府按住房制度改革方案免除房地产的地价，按房屋的成本造价售给企业或符合条件的职工的带有福利性质的房屋
7	微利房	微利房亦称“微利商品房”，指由各级政府房产管理部门组织建设和管理，以低于市场价格和租金、高于福利房价格和租金，用于解决部分企业职工住房困难和社会住房特困户的房屋
8	军用房	军用房指部队用地所建的或部队自建的建筑物，产权归所辖军区；不能转让、出租、抵押，只可分配给军人自用

老Q：小A，上面这些基础知识，你了解得怎么样了？

小A：通过学习，真让我大开眼界！以前我只知道土地有使用年限，但不知道不同的土地其使用年限也不一样。还有，以前我对房屋的分类也不了解，比如区分不开房改房、福利房。

老Q：是的，入了这一行，就要懂得这一行。只有你自己懂了，才能向客户解释清楚，客户才会信赖你，明白吗？

小A：知道，我一定会好好学习的。

老Q：那接下来，我们就来看看住宅与户型结构方面的常识。一般来说，客户在购房前，一般要了解户型结构，看是否达到自己的要求，因此，作为置业顾问，你就有必要向客户详细介绍房子的户型，帮助客户分析利弊，以便客户做出决定。

小A：好，那您就快教教我吧。

四、住宅分类

住宅按照不同的分类标准，可以分成不同的种类。

1. 按高度分类

住宅按楼体的高度可以分为低层、多层、中高层、高层与超高层，具体如表1–4所示。

表1–4 住宅按高度分类

序号	类型	具体说明
1	低层住宅	指1～3层的住宅，主要指一户独立式住宅，或二户连立式和多户联排式住宅
2	多层住宅	指4～6层高的住宅，借助公共楼梯解决垂直交通，是一种最具代表性的城市集合住宅
3	中高层住宅	指7～9层的住宅
4	高层住宅	指10层以上的住宅
5	超高层住宅	指30层以上的住宅

2. 按房型分类

按房型可将住宅分为单元式住宅、公寓式住宅、复式住宅、跃层式住宅、花园洋房式住宅（别墅）、小户型住宅等，具体如表1–5所示。

表1–5 住宅按房型分类

序号	类型	具体说明
1	单元式住宅	也叫梯间式住宅，一般为多层住宅所采用，是一种比较常见的类型。每个单元以楼梯间为中心布置住户，由楼梯平台直接进入分户门；住宅平面布置紧凑，住宅内公共交通面积小；户间干扰不大，相对比较安静；有公摊面积，可保持一定的邻里交往，有助于改善人际关系
2	公寓式住宅	一般建在大城市里，多数为高层楼房，标准较高，每一层内有若干单户独用的套房，包括卧房、起居室、客厅、浴室、厕所、厨房、阳台等；有的附设于旅馆酒店之内，供一些出差旅游的中外客商及其家属中短期租用

（续表）

序号	类型	具体说明
3	错层式住宅	指一套住宅室内地面不处于同一标高，一般把房内的厅与其他空间以不等高形式错开，但房间的层高是相同的
4	复式住宅	一般是指每户住宅在较高的楼层中增建一个夹层，两层合计的层高要大大低于跃层式住宅（复式为3.3米，而一般跃层式为5.6米），其下层供起居用，如炊事、进餐、洗浴等，上层供休息、睡眠和贮藏用
5	跃层式住宅	指一套住宅占有两个楼层，由内部楼梯联系上下楼层。跃层户型大多位于住宅的顶层，结合顶层的北退台设计，因此，大平台是许多跃层户型的特色之一。室内布局一般一层为起居室、餐厅、厨房、卫生间、客房等，二层为私密性较强的卧室、书房等
6	花园式住宅	一般称作西式洋房或小洋楼，也称花园别墅。一般都是带有花园草坪和车库的独院式平房或二三层小楼，建筑密度很低，内部居住功能完备，装修豪华并富有变化。住宅内水、电、暖供给一应俱全，户外道路、通信、购物、绿化也都有较高的标准，一般是高收入者购买
7	小户型住宅	小户型的面积一般不超过60平方米。小户型的受欢迎与时下年轻人的生活方式息息相关。许多年轻人在参加工作后，独立性越来越强，再加上福利分房逐渐取消，因此在经济能力不太强、家庭人口不多的情况下，购买小户型住宅不失为一种明智的过渡性选择

3. 按套型分类

“套”是指一个家庭独立使用的居住空间范围，即每家所用的住宅单元的面积大小。住宅的“套型”也就是满足不同家庭生活的居住空间类型，也称作“户型”。按套型可将住宅分为一居室、二居室、三居室、多居室等。具体如表1-6所示。

表1-6　住宅按套型分类

序号	类型	具体说明
1	一居室	一居室在房型上属典型的小户型，通常是指一个卧室、一个厅（指客厅，一般很小）、一个卫生间和一个厨房（也可能没有）。其特点是在很小的空间里要合理地安排多种功能活动，包括起居、会客、储存、学习等；一般单价偏高，但总价较低，消费人群一般为单身一族。目前，一居室是一种稀缺户型，需求比较旺盛
2	二居室	一般有二室一厅、二室两厅两种户型，但二室一厅最为常见，是指有两个卧室、一个厅（客厅可兼餐厅，比一居室稍大）、一个卫生间和一个厨房。其特点是户型适中，方便实用，消费人群一般为新组家庭。二居室也是常见的一种小户型结构

（续表）

序号	类型	具体说明
3	三居室	三居室可以归为一种较大的户型，主要有三室一厅、三室两厅两种户型，是指有三个卧室、一个厅或两个厅（客厅和餐厅）、一个或两个卫生间和一个厨房。其特点是面积相对宽敞。三居室尤其是三室两厅是一种相对成熟、定型的房型，是最为常见的大众户型

住宅户型面积指标是以“室”来划分的。通常来说，住宅中不少于12平方米的房间称为一个“室”，6～12平方米的房间称为半“室”，小于6平方米的一般不算“室”，因而住宅户型又可分一室户、一室半户、二室户、二室半户、三室户、多室户等。

老Q点拨

“户型”更通俗的是按“卧室”的间数来起名字，当然，这里说的“卧室”不一定是当卧室用；而“厅”指的是起居室空间，一般包括客厅或餐厅，甚至是过厅。

第二节　房地产常用术语

小A：老Q，没想到户型结构也有这么多学问，还有这么多分类的方法。看来，我要学的东西太多了。

老Q：是啊，要学的东西太多了。那么，作为一名专业的置业顾问，怎样才能体现你的专业水准呢?

小A：不知道，请您告诉我。

老Q：这就需要你掌握一些专业术语。

小A：什么叫专业术语?

老Q：专业术语是相对日常用语而言的，是指特定领域对一些特定事物的统一的业内称谓。对于我们房地产行业来说，你需要掌握相关的业务术语、房地产交易术语、房地产建筑类的术语。

小A：啊，那么复杂啊?

老Q：下面我们先来了解一下常用的术语有哪些以及都代表什么意思吧。

小A：好，我已经准备好了。

一、房地产常用业务术语

房地产常用业务术语如表1-7所示。

表1-7 房地产常用业务术语

序号	术语	解析
1	洗盘	通过业主的资料或其他途径了解房屋的最新动态和基本情况
2	洗客	通过客户资料了解客户的最新动态
3	睇楼	看房
4	洗楼	通过派发资料直接和业主、客户交流，了解其有关需求
5	跑盘	通过走访、电话咨询了解楼盘信息
6	跳盘	通过同行挖走业主房源
7	跳客	通过同行挖走其客户资源
8	日志	与业主、客户沟通的内容
9	封盘	有准客户看中某物业时而采取的一种暂时性营销策略，某物业封盘时只有分行经理或指定人员才有权看到该物业的信息
10	守价	咬住某价格不放
11	浪价	讨价还价的方式
12	差价	房屋买卖过程中的差额
13	转介	公司不同部门介绍业主、客户资源
14	诚意金	指为了解客户意向和交易方便而向客户收取一定的购房意向金（可退）
15	定金	指买卖双方在交易过程中的信物和担保物。定金具备法律效力，订金不具备法律效力

二、房地产常用交易术语

房地产常用的交易术语如表1-8所示。

表1-8 房地产常用的交易术语

序号	术语	解析
1	查档	就某物业向国土部门查询相关产权状况。每查档一次，国土部门都将收取一定的查档费
2	首期款	楼款中银行承诺向买方发放按揭贷款金额以外的部分（买方选择按揭付款）

（续表）

序号	术语	解析
3	一手证	卖方名下该物业之《房地产证》（红本）
4	赎楼	付清卖方该物业的抵押贷款本息并注销抵押登记，将一手证赎出。一手证赎出且抵押登记被注销，视为赎楼完成
5	递件	买卖双方签署《××市房地产买卖合同（现售）》后向产权登记中心申请办理产权转移登记手续并取得收文回执
6	新房产证	递件后国土部门发放的买方之《房地产证》（红本）
7	履约保证金	经纪方在监管之交易款中留存的一笔款项。履约保证金优先用于代卖方支付本次交易的佣金，并保证卖方全面正确地履行交付物业之义务；其次用于代卖方支付税费及本次交易相关的其他费用
8	诚意金	选择在房产中介居间介绍成交的购房者，首先会由房产中介公司的置业顾问帮其选择中意的房屋，然后签订买卖居间协议并支付诚意金。收取诚意金后，居间方约见房屋所有人进行房价及各项问题的确认。房屋所有人同意在买卖居间协议上签字确认，居间方将诚意金转交给房屋所有人，这时诚意金就转化为定金了
9	个人所得税	根据国家个人所得税法的规定，个人转让房屋等财产所得，应按20%的税率缴纳个人所得税
10	印花税	根据印花税暂行条例规定，个人买卖房地产按交易合同记载金额的万分之五的税率对买卖双方征收印花税，而根据财税〔2008〕137号文，对个人销售或购买住房暂免征收印花税
11	佣金	在二手房交易过程中，如果选择中介机构就会涉及佣金问题，佣金要与其服务相称。过低的佣金无法维持优质的服务，而过高的佣金则与降低交易成本相违背。因此，选择一家诚信可靠的中介公司，不仅可以起到穿针引线的作用，而且也可免去买卖双方亲自办理相关手续的烦琐事宜。更重要的是，由中介公司进行规范化的操作，可以降低买方与卖方直接交易所产生的风险，从而提高二手房的成交率
12	契税	为鼓励个人改善住房条件，促进普通住宅交易市场的发展，国家规定对个人购买自用普通住宅者暂减半征收契税
13	居间中保	二手房中介市场为保证买卖双方的合法权益、保证房屋交易正常进行的中间担保业务。具体步骤是：按双方买卖合同的规定，将买方的资金如数如期划给卖方，将卖方的房屋产权手续和腾退的房屋如期移交给买方，使双方各得其所，避免互不信任甚至诉诸法律的情况发生
14	房屋的所有权	对房屋全面支配的权利。《中华人民共和国民法通则》规定，房屋的所有权分为占有权、使用权、收益权和处分权，这也是房屋所有权的四项基本内容

（续表）

序号	术语	解析
15	独家代理	在二手房市场中，代理方接到业主的委托后，会根据整个市场的行情给该物业定出一个合理的价格，并在经业主认同后 ，对该物业进行各种推广。为了提高成交速度，业主可以与自己信得过的房产中介公司签订独家代理协议。有了独家代理协议，代理方会全心全意地为业主推广，不用担心付出而没有回报，托管钥匙也能增加客户看房的频率，有助于成交
16	土地增值税	土地增值税也有一些优惠政策。如因国家建设需要依法征用、收回的房地产，对居民个人拥有的普通标准住宅等，在其转让时免征或暂免征收土地增值税

三、房地产常见建筑类术语

房地产常见建筑类术语如表1-9所示。

表1-9　房地产常见建筑类术语

序号	术语	解析
1	二手房	新建的商品房进行第一次交易时为“一手”，第二次及二次以上交易则为“二手”
2	房屋结构形式	主要是以其承重结构所用的材料来划分，一般可以分为砖混结构、砖木结构、钢筋混凝土结构等
3	建筑密度	建筑密度即建筑物的覆盖率。具体指项目用地范围内所有建筑的基底总面积与规划建设用地面积之比（%），它可以反映出一定用地范围内的空地率和建筑密集程度 建筑密度=建筑首层面积÷规划用地面积
4	容积率	容积率即总建筑面积与总用地面积的比值 容积率=总建筑面积÷总用地面积（与占地面积不同）
5	绿地率	绿地率即居住区用地范围内各类绿地的面积与居住区用地面积的比率（%） 绿地率=各类绿地总面积÷用地总面积×100%
6	得房率	得房率即套内建筑面积与套（单元）建筑面积之比 套内建筑面积=套内使用面积+套内墙体面积+阳台建筑面积 套（单元）建筑面积=套内建筑面积+分摊的公用建筑面积
7	实用率	实用率是套内建筑面积与住宅面积之比，大于使用率 实用率＝套内建筑面积÷（套内建筑面积+分摊的共有共用建筑面积）
8	建筑面积	建筑物外墙外围所围成空间的水平面积。包含了房屋居住的可用面积、墙体柱体占地面积、楼梯走道面积、其他公摊面积等

（续表）

序号	术语	解析
9	使用面积	住宅各层平面中直接供住户生活使用的净面积之和
10	公用面积	住宅楼内为住户出入方便、正常交往、保障生活所设置的公共走廊、楼梯、电梯间、水箱间等所占面积的总和
11	辅助面积	住宅建筑各层平面中辅助生产或生活活动所占面积的总和，如楼梯、过道、厨房、卫生间等
12	套内墙体面积	套内使用空间周围的维护或承重墙体或其他承重支撑体所占的面积，其中各套之间的分隔墙和套与公共建筑空间的分隔以及外墙（包括山墙）等共有墙，均按水平投影面积的一半计入套内墙体面积
13	套内阳台建筑面积	均按阳台外围与房屋外墙之间的水平投影面积计算。封闭的阳台，按水平投影的全部计算建筑面积；未封闭的阳台，则按水平投影的一半计算建筑面积
14	公摊面积	商品房分摊的公用建筑面积主要由两部分组成： （1）电梯井、楼梯间、垃圾道、变电室、设备室、公共门厅和过道等功能上为整楼建筑服务的公共用房和管理用房的建筑面积 （2）各单元与楼宇公共建筑空间之间的分隔以及外墙（包括山墙）墙体水平投影面积的50%
15	销售面积	商品房按“套”或“单元”出售，其销售面积为购房者所购买的套内或单元内建筑面积与应分摊的共有建筑面积之和
16	进深	进深即一间独立的房室或一幢居住建筑，从前墙壁到后墙壁之间的实际长度。现在我国大多数城镇住宅房间的进深一般都限定在5米左右，不能随意扩大
17	层高	层高通常指下层地板面或楼板面到相应上层楼板上表面（或下表面）之间的竖向尺寸。一般来说，住宅层高设计在2.8米左右
18	开间	开间是指相邻两个横向定位墙体间的实际距离
19	居住区	指人们日常生活、居住，具有一定的人口和用地规模，并集中布置居住建筑、公共建筑、绿地道路以及其他各种工程设施，为城市街道或自然界限所包围的相对独立的地区
20	居住小区	以住宅楼房为主体，并配有商业网点、文化教育、娱乐、绿化、公用和公共设施等而形成的居民生活区
21	住宅用地	住宅建筑基底占地及其四周合理间距内的用地（含宅间绿地和宅间小路等）的总称
22	配套公建用地	公共设施、绿地、道路及公共建设用地（配电室、保安亭之类）。一般来说，这是为住宅预留的配套公用空间

（续表）

序号	术语	解析
23	配建设施	与住宅规模或与人口规模相对应配套建设的公共服务设施、道路和公共绿地的总称
24	公共绿地	供游览和休息的各种公园、动物园、植物园、陵园以及花园、游园及林荫道绿地、广场绿地，不包括一般栽植的行道树及林荫道的面积

四、房地产经纪相关术语

房地产经纪相关术语如表1-10所示。

表1-10　房地产经纪相关术语

序号	术语	解析
1	房地产经纪	指房地产经纪机构和人员为促成房地产交易，向委托人提供房地产代理、居间等服务并收取佣金的行为
2	房地产经纪机构	指依法设立的从事房地产经纪相关活动的中介服务机构
3	房地产经纪人员	指从事房地产经纪活动的房地产经纪人和房地产经纪人协理。房地产经纪人在房地产经纪机构中执行房地产经纪业务；房地产经纪人协理在房地产经纪机构中协助房地产经纪人执行房地产经纪业务
4	房地产经纪人	指通过全国房地产经纪人资格考试或者资格互认，依法取得房地产经纪人资格并经过注册，从事房地产经纪活动的专业人员
5	房地产经纪人协理	指通过房地产经纪人协理资格考试，依法取得房地产经纪人协理资格并经过注册，在房地产经纪人的指导下从事房地产经纪活动的协助执行人员
6	房地产代理	指房地产经纪机构按照房地产经纪服务合同约定，以委托人的名义与第三人进行房地产交易，并向委托人收取佣金的行为
7	房地产居间	指房地产经纪机构按照房地产经纪服务合同约定，向委托人报告订立房地产交易合同的机会或者提供订立房地产交易合同的媒介服务，并向委托人收取佣金的行为
8	房地产经纪服务合同	指房地产经纪机构和委托人之间就房地产经纪服务事宜订立的协议，包括房屋出售经纪服务合同、房屋出租经纪服务合同、房屋承购经纪服务合同和房屋承租经纪服务合同等
9	房地产经纪服务	指房地产经纪机构和人员为促成房地产交易，向委托人提供的相关服务，包括提供房源、客源、价格等信息以及实地查看房地产、代拟房地产交易合同等

（续表）

序号	术语	解析
10	独家代理	指委托人仅委托一家房地产经纪机构代理房地产交易事宜
11	佣金	指房地产经纪机构向委托人提供房地产经纪服务，并按照房地产经纪服务合同约定向委托人收取的服务费用
12	差价	指通过房地产经纪促成的交易中，房地产出售人（出租人）得到的价格（租金）低于房地产承购人（承租人）支付的价格（租金）的部分

第三节　房屋交易的付款方式

小A：老Q，这些专业术语真让我有点头晕，好多我都是第一次听说。

老Q：那你可得用心记住了，这些专业术语都是一个房地产从业人员必须掌握的知识。只有让客户觉得你够专业，才能赢得他们的信赖。

小A：嗯，明白了，我会用心记的。

老Q：不着急，慢慢来，看得多了，自然就记住了。那么接下来就来了解一下房屋交易的几种付款方式吧，比如一次性付款、分期付款、按揭贷款。

小A：好，这些我倒是听说过，但是具体怎么操作我还真不知道。

老Q：那就好好了解一下吧。

一、常见的付款方式

房屋交易的付款方式主要有三种，即一次性付款、分期付款和按揭贷款。置业顾问要了解每种付款方式的利弊，并根据购房者的实际情况，为其推荐合适的付款方式。

1. 一次性付款

一次性付款就是在签约后立刻将房款一次性付给开发商的付款方式。这是银行住房贷款业务还未开展以前最常见的付款方式，目前一般多用于低价位小单元楼盘的销售。此种付款方式适合手中有其他资金来源的购房者。

购房者一次性付款一般都能从开发商处得到一定的折扣。

比如，购买现房，能更快地获得房屋的产权，具有作为其他投资抵押物的资格；购买期房，则这种付款方式的价格最低，能节省不少钱。

不过，一次性付款需要筹集大量的现金，而且是以损失这些资金可能带来的收益为代价，对经济能力偏弱的购房者来说有很大的压力，而经济能力较强者又希望通过此资金进行其他方面的投资。

2. 分期付款

分期付款又分为免息分期付款和低息分期付款，是目前比较吸引人的付款方式。此种付款方式适用于手中没有大笔现金但预期收入较高的购房者。

分期付款可以缓解一次性付款的经济压力，也可用未付房款督促开发商履行合同承诺。

比如，免息分期付款可以为客户省下大笔利息支出。

不过，低息分期付款随着付款期限的延长，利率会越来越高，房款总额比一次性付款的房款总额要高。

3. 按揭贷款

按揭贷款即购房抵押贷款，是购房者以所购房屋的产权向银行做抵押申请贷款，由银行先行支付房款给开发商，以后购房者按月向银行支付本息的付款方式，其最高房款成数不得高于八成。由于它能使房地产市场中的潜在需求迅速转化为有效需求，时下已经成为保持房地产市场活跃的最有效手段之一，被开发商广泛采用，适用于手中没有大笔资金但又想马上实现购房愿望的购房者，是目前绝大多数购房者选择的购房付款方式。

按揭贷款不用马上筹集到全部的购房资金，可以帮助购房者提前几年甚至几十年实现购房的愿望。不过，对于近期没有购房愿望而且不想承受长期的资金压力的人不适用。

小A：老Q，原来住房付款有这么多方式，而且每种方式还有不同的利弊。了解清楚了，以后向客户介绍时就能心中有数了，也可以给客户提出合理的建议了。

老Q：是的，有些客户并不是很懂这些，这就需要我们置业顾问帮他们分析、为他们着想。

小A：确实如此，我得好好学习这些知识，在以后的工作中帮客户做好规划。

老Q：其实，如今的房价这么高，很少有一次性付款的，大多数人都会选择分期付款或按揭贷款这两种方式，你需要重点关注这两方面的知识。比如按揭贷款又分为商业贷款和公积金贷款，这两种方式有何区别、如何操作，都是你需要了解的。

小A：好，那我现在就跟您学学这些方面的知识吧。

二、商业贷款知识

商业贷款是指购房者在购买个人自有产权住房时，由于资金不足，由发展商或第三方机构提供阶段性保证，并以所购产权房做抵押，向银行申请的占所购房房价一定比例的贷款。贷款后，银行受借款人委托将贷款额作为购房款的一部分，直接划付给发展商或第三方机构。

1. 申请个人住房贷款的基本条件

申请个人住房贷款的基本条件主要包括以下几点。

（1）在中国境内具有合法居留身份和完全民事行为能力的自然人，年龄应在18周岁以上；年龄+贷款年限，男性不超过65岁，女性不超过60岁。

（2）有稳定的经济收入，信用良好，有偿还贷款本息的能力。

（3）有合法有效的购买（建造、大修）住房的合同、协议以及贷款要求提供的其他证明文件。

（4）有所购买（建造、大修）住房全部价款30%以上的自筹资金，并保证用于支付购买（建造、大修）住房的首付款。

2. 申请个人住房贷款须提供的主要材料

申请个人住房贷款须提供的主要材料主要包括以下几种。

（1）个人住房贷款申请表。

（2）身份证原件及复印件。

（3）经济收入证明或其他偿债能力的证明资料。

（4）经本市房地产交易登记中心预售登记备案的商品房买卖合同，需要提供所购商品房的用地、规划、建设和销售等方面的合法材料。

（5）借款人夫妻双方户口簿原件及复印件。

（6）借款人结婚证原件及复印件。

（7）购房首付款的银行“现金缴款单”或“进账单”。

（8）购房首付款收据。

三、公积金贷款知识

公积金贷款是由各地住房公积金管理中心运用申请公积金贷款的职工所缴纳的住房公积金，委托商业银行向购买、建造、翻建、大修自住住房的住房公积金缴存人和在职期间缴存住房公积金的离退休职工发放的房屋抵押贷款。

按规定，缴存住房公积金一定期限以上的在职职工为购建、翻建、大修自有住房而资金不足时可申请公积金贷款。

小A：老Q，什么人可以申请公积金贷款。

老Q：国家规定，凡是缴存公积金的职工均可按公积金贷款的相关规定申请个人住房公积金贷款。

小A：那贷款有什么条件和要求呢？

老Q：你算是问对了。公积金贷款确实有很多规定和限制，并不是任何人都可以申请的，也不是你想申请多少都可以的，而且每个城市的规定还不一样。

小A：每个城市的规定还不一样啊？

老Q：是的，下面我们以北京市为例，来看看公积金贷款有哪些具体规定和要求吧。

小A：好。

1. 贷款条件

以北京市为例，北京市住房公积金贷款资格、条件，如表1-11所示。

表1-11　北京市住房公积金贷款资格、条件

序号	类别	具体说明
1	借款人须具备的条件	（1）具有合法有效的身份 （2）具有完全的民事行为能力 （3）具有稳定的职业和收入，信用状况良好，有偿还贷款本息的能力 （4）购买、建造、翻建、大修自住住房 （5）具有购买、建造、翻建、大修自住住房的合同或相关证明文件 （6）提供委托人认可的担保 （7）借款人夫妻双方均无尚未还清的住房公积金贷款和住房公积金政策性贴息贷款
2	住房公积金缴存情况（三个条件之一）	（1）若购买政策性住房，应建立住房公积金账户12个月（含）以上，申请贷款前6个月足额连续缴存，且申请贷款时处于缴存状态（政策性住房的定义详见问题5） （2）若购买非政策性住房，应建立住房公积金账户12个月（含）以上，申请贷款前12个月足额连续缴存，且申请贷款时处于缴存状态 （3）在职期间在管理中心缴存住房公积金的离退休职工，也可申请公积金贷款

特别说明：

（1）购买政策性住房的借款申请人不受北京住房公积金缴存时限的限制。借款申请人只需满足建立住房公积金账户且处于缴存状态的条件，即可申请住房公积金贷款。

（2）鉴于自住型商品房具有政策性住房和商品住房的双重属性，因此，自2015年2月9日起，缴存职工购买自住型商品房且为首套自住住房的，借款申请人只需满足建立住房公积金账户12个月（含）以上，同时足额正常缴存住房公积金12个月（含）以上且申请贷款时处于缴存状态。

2. 贷款利率

自2016年1月1日（含）起，北京住房公积金贷款利率如下：

（1）1～5年（含5年）：2.75%；

（2）5～30年（含30年）：3.25%。

3. 贷款额度

（1）在通常情况下，北京住房公积金贷款单笔最高额度为80万元。

（2）住房公积金在保证缴存职工提取的前提下，优先满足购买首套自住住房的贷款需求。从2015年1月1日起，借款申请人购买政策性住房或套型建筑面积在90平方米（含）以下的首套自住住房，贷款最高额度调整为120万元；购买套型建筑面积在90平方米以上非政策性住房或第二套住房的，贷款最高额度仍为80万元。

（3）公积金贷款额度计算公式如下。

$$\text{贷款额度}=\frac{\text{月个人缴存额/缴存比例}-\text{最低生活保障金额}}{\text{对应贷款年限的月均还款额系数}}$$

4. 二手房贷款政策

职工使用住房公积金贷款购买首套房为二手房、房龄为5年（含）以内的，贷款首付款比例不低于20%；房龄为5年以上20年（含）以内的，贷款首付款比例不低于30%；房龄为20年以上的，贷款首付款比例不低于40%。

老Q点拨

如果第一套房的贷款已结清，购买第二套房为二手房，那么将按公积金贷款首套房首付比例政策执行。

5. 二手房贷款申请所需的材料

北京二手房住房公积金贷款申请所需材料如表1-12所示。

表1-12　北京市二手房贷款申请所需的材料

序号	材料名称	担保中心担保方式				非担保中心担保方式				备注
		自行划转资金		非自行划转资金		自行划转资金		非自行划转资金		
		规格	份数	规格	份数	规格	份数	规格	份数	
1	买方身份证或有效身份证明	原件	1	原件	1	原件	1	原件	1	对于已婚者，须夫妻双方共同提供；对于有房屋共有权人的，共有权人须夫妻双方提供；第二代身份证正反两面均复印
		复印件	5	复印件	5	复印件	4	复印件	4	

（续表）

序号	材料名称	担保中心担保方式				非担保中心担保方式				备注
		自行划转资金		非自行划转资金		自行划转资金		非自行划转资金		
		规格	份数	规格	份数	规格	份数	规格	份数	
2	买方户口本首页、本人页及变更页	原件	1	原件	1	原件	1	原件	1	对于已婚者，须夫妻双方共同提供；对于有房屋共有权人的，共有权人须夫妻双方提供
		复印件	3	复印件	3	复印件	3	复印件	3	
3	买方暂住证或有效居住证明	原件	1	原件	1	原件	1	原件	1	非北京市户口提供
		复印件	3	复印件	3	复印件	3	复印件	3	
4	买方有效婚姻关系证明	原件	1	原件	1	原件	1	原件	1	已婚者、离异者提供
		复印件	4	复印件	4	复印件	3	复印件	3	
5	买方离退休证明	原件	1	原件	1	原件	1	原件	1	离退休职工提供
		复印件	2	复印件	2	复印件	2	复印件	2	
6	买方收入证明	原件	2	原件	2	原件	2	原件	2	
7	首付款收据	原件	1			原件	1			自行划转交易资金的提供
		复印件	3			复印件	3			
8	存量房交易结算资金自行划转协议	原件	1			原件	1			自行划转交易资金的提供
		复印件	3			复印件	3			
9	存量房交易结算资金托管凭证			原件	1			原件	1	非自行划转交易资金的提供（注：首付款已交清提供；首付款未交清可在复审时提供）
				复印件	3			复印件	3	
10	北京市存量房交易结算资金划转协议			原件	1			原件	1	非自行划转交易资金的提供
				复印件	3			复印件	3	
11	购房合同（正本）（对于应该网签的，提供网签信息表）	原件	1	原件	1	原件	1	原件	1	其中1份个人留存，1份做抵押物评估用
		复印件	4	复印件	4	复印件	5	复印件	5	

（续表）

序号	材料名称	担保中心担保方式				非担保中心担保方式				备注
		自行划转资金		非自行划转资金		自行划转资金		非自行划转资金		
		规格	份数	规格	份数	规格	份数	规格	份数	
12	卖方身份证或有效身份证明	原件	1	原件	1	原件	1	原件	1	有房屋共有权人的共有权人须提供；第二代身份证正反两面均复印
		复印件	3	复印件	3	复印件	4	复印件	4	
13	卖方房屋产权证及房屋共有权证	原件	1	原件	1	原件	1	原件	1	
		复印件	4	复印件	4	复印件	4	复印件	4	
14	卖方收款账户	原件	1	原件	1	原件	1	原件	1	应符合相关部门的要求
		复印件	3	复印件	3	复印件	2	复印件	2	
15	大专（含）以上学历、学位证书，职称证书，自有产权住房证明，租赁公有住房证明	原件	1	原件	1	原件	1	原件	1	根据信用评估申请人的实际情况提供
16	贷款还清证明	原件	1	原件	1	原件	1	原件	1	需要对借款申请人是否已办理公积金贷款或政策性贴息情况进行认定的提供，复印件由贷款中心留存
		复印件	1	复印件	1	复印件	1	复印件	1	
17	中心要求的其他材料									

特别说明：

（1）贷款中心审核原件后将原件退还借款人（存量房交易结算资金自行划转协议、北京市存量房交易结算资金划转协议原件除外）。

（2）提交的资料统一使用A4纸复印。

（3）有代理机构代理的，须提供代办授权书（原件）3份。

（4）担保中心担保的二手房贷款材料复印件后面须加盖担保中心授权的经纪公司公章和有“与原件相符”字样的条章。

相关链接

上海公积金贷款新政

2016年11月28日晚，上海市住建委、中国人民银行上海分行、上海银监局联合印发《关于促进本市房地产市场平稳健康有序发展，进一步完善差别化住房信贷政策的通知》；同日，上海市住房公积金管理委员会印发《关于调整本市住房公积金个人贷款政策的通知》，从严执行商业银行及公积金差别化信贷政策。

新政规定如下。

1. 公积金贷款政策

公积金个人住房贷款

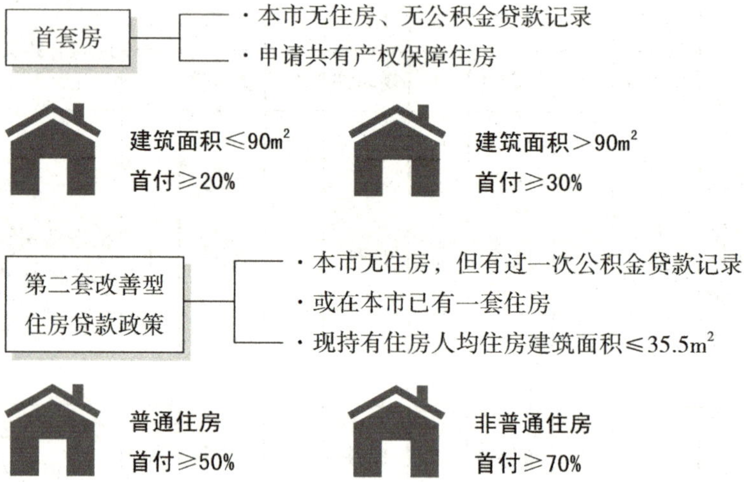

商贷+公积金组合贷款，首付比例按照“二者取其高”的原则

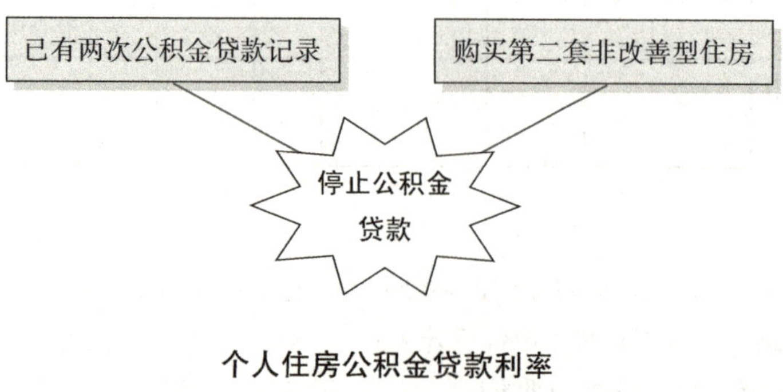

个人住房公积金贷款利率

贷款年限	基准利率	首套房	第二套改善型
5年以下（含5年）	2.75%	2.75%	3.025%
5年以上	3.25%	3.25%	3.575%

（续）

2. 公积金贷款额度

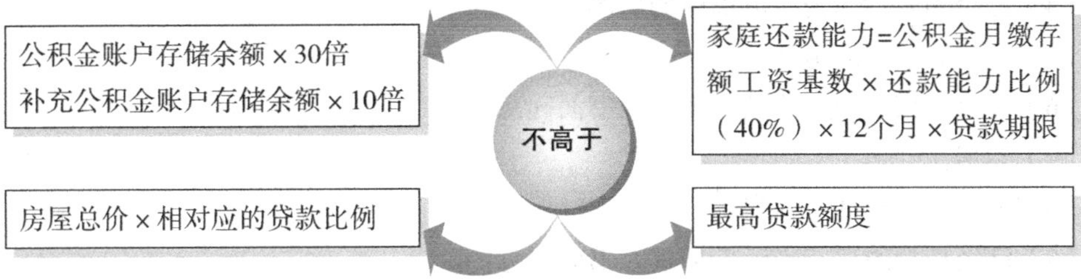

所购住房	购买首套住房		购买第二套改善型住房	
借款家庭	1人参与贷款	2人以上参与贷款	1人参与贷款	2人以上参与贷款
贷款利率	基准利率		基准利率上浮1.1倍	
住房公积金可贷金额	50万	100万	40万	80万
补充公积金可贷金额	10万	20万	10万	20万
可贷金额合计	60万	120万	50万	100万

第四节　房屋交易须知

小A：没想到公积金贷款的规定这么细致，光申请材料就有16项。看来我要好好研究研究，以便以后提醒客户做好这方面的准备，免得漏掉一项而耽误申请进程。

老Q：说得没错。你只有处处为客户着想，才能获得客户的信赖。作为置业顾问，要想真正称得上“顾问”，还得下一番功夫才行。

小A：嗯，我会向您看齐的。

老Q：那现在我们来看看有哪些房子是不能交易的。要知道，并不是所有的二手房都是可以买卖的，如果所买的二手房是不能交易的，将会给购房者带来很多麻烦，甚至会给购房者造成损失。

小A：我还真不知道，那您赶快告诉我吧。

一、不能买卖的二手房

我国法律不允许进行买卖的二手房主要有以下几种。

（1）违章建筑的房屋。

（2）鉴定为危房的房屋。

（3）在农村集体土地上兴建的房屋。

（4）已经列入拆迁公告范围内的房产。

（5）产权有争议的房产。

（6）共有产权房产未经其他产权人书面同意的。

（7）期房。

（8）未领取产权证书的房产。

（9）已经抵押的房产未经抵押权人书面同意的。

（10）已经被法院查封和冻结的房产。

（11）擅自改变房屋使用性质的房产。

（12）小产权房。

（13）军队、医院、学校产权的公房。

小A：原来有这么多类型的二手房是不能上市交易的啊！以前我一直以为只要是房子就能买卖，看来是我孤陋寡闻了。

老Q：是的，就算有些二手房能上市交易，但是也不能办理过户手续。小A，你知道“过户”是什么意思吗？

小A：这个我知道，二手房买卖未经房地产登记机构转移登记，不得对抗第三人。为防止出让人通过一房多售等非法行为侵害买受人的利益，应及时办理转移登记。转移登记即我们俗称的“过户”，也就是房屋的产权从甲方转移到乙方的全过程。

老Q：不错。说白了，“过户”就是将房屋的产权从卖方转移到买方的过程。那你知道有哪些原因可能会导致二手房不能过户吗？

小A：不知道。

老Q：那现在我们就来看看，一般有哪些原因可能导致二手房不能正常过户。

二、不能过户的二手房

导致过户失败的原因有很多，包含但不仅限于以下情况。

（1）被有关部门查封的房产。

（2）未解除抵押的房产。

（3）业主离婚未办理析产登记的房产。

（4）在集体所有土地上开发的房产。

（5）伪造房屋产权人的委托书进行出售的房屋。

（6）卖方是无民事行为能力的人（精神病患者、未成年人）。

（7）拖欠相关税费的房产。

（8）未上市的“央产房”。

（9）未满5年的经济适用房、集资房。
（10）业主死亡，未完成继承手续的房产。
（11）房屋拥有共有产权人，卖方未经其他产权人同意而出售的房产。
（12）卖方无法提供房产证的房产。

三、二手房过户需办理的手续

申请房屋产权转移登记，应当提交以下文件。
（1）申请人的身份证明。
（2）房地产权属来源证明或权利证书。
（3）房地产转移、转让、变更或者设定他项权的协议书、合同书或批准文件。
（4）缴纳房地产税的证明。
上述合同中，一方当事人属于下列情形之一的，合同需公证。
（1）外国人。
（2）华侨，包括居住在境外，持有中国护照、无国内身份证明者。
（3）港澳台地区居民。
（4）在国外或我国的港澳台地区登记、注册的法人及其他组织。
登记的审核时限和权证的领取。

（1）按一般规定，登记机构应当自受理房地产转移登记申请之日起20日内完成审核。符合规定条件的，应当将转移事项记载于房地产登记册，并通知房地产权利人领取《房地产权证》；不符合规定条件的，不予登记，并书面告知申请人。领证时权利人（或代理人）需携带身份证件（原件）和已缴手续费、登记费、印花税收据及受理时的收件收据（原件），仔细核对《房地产权证》及《登记证明》。

（2）如果是代办二手房买卖转移登记手续，受委托人要取得并向房地产登记机构出具当事人的委托书。如果房地产权利人为自然人，按有关规定，委托书还需公证。要认真审核上述材料是否齐全、真实，并在买卖合同签署后15日内及时办理。原件要妥善保管，办理完毕要及时归还当事人，以免丢失而承担责任。

小A：看来这二手房过户手续还挺复杂的。

老Q：是的，办理二手房过户确实比较复杂，提交的资料也比较多。作为置业顾问，你不但要熟悉这些手续的办理流程，还要清楚房屋交易有哪些政策，比如限购政策、首付比例的调整、贷款政策等。

小A：这些我还真不知道呢，您就给我讲讲吧。

老Q：其实，一线城市基本上都已实行了限购政策，部分二线城市也相继发布了限购令。但是不同的城市其限购政策也不一样。下面我们主要看看北京、上海、深圳、济南这几个城市的限购政策，其他城市的限购政策你自己再慢慢了解吧。

小A：好。

四、房屋购买政策

2010年4月30日，北京出台“国十条实施细则”，其中明确提出：从2010年5月1日起，同一购房家庭只能在本市新购一套商品房；购房人在购买房屋时，还需如实填写一份《家庭成员情况申报表》，如果被发现提供虚假信息骗购住房的，将不予办理房产证。这是全国首次提出的家庭购房套数“限购令”。

1. 北京的购房政策

（1）限购政策。

对已拥有1套住房的本市户籍居民家庭（含驻京部队现役军人和现役武警家庭、持有有效“北京市工作居住证”的家庭；下同），持有本市有效暂住证、在本市不拥有住房且连续5年（含）以上在本市缴纳社会保险或个人所得税的非本市户籍居民家庭，限购1套住房（含新建商品住房和二手住房）。

老Q点拨

居民家庭（含夫妻双方及未成年子女）成员中至少有一人拥有本市户籍的，视为本市户籍居民家庭。

（2）停售政策。

对已拥有2套及以上住房的本市户籍居民家庭、拥有1套及以上住房的非本市户籍居民家庭、无法提供本市有效暂住证和连续5年（含）以上在本市缴纳社会保险或个人所得税缴纳证明的非本市户籍居民家庭，暂停在本市向其售房。

（3）首付政策。

购买首套普通自住房的首付款比例不低于35%，购买首套非普通自住房的首付款比例不低于40%（自住型商品住房、两限房等政策性住房除外）。

对拥有1套住房的居民家庭，为改善居住条件再次申请商业性个人住房贷款购买普通自住房的，无论有无贷款记录，首付款比例均不低于50%。

购买非普通自住房的，首付款比例不低于70%。

相关链接

2016年非本市户籍人口在北京买房的条件

（1）有在北京连续满5年纳税证明（指个人所得税）或者在北京连续满5年的社会保险证明。自2012年12月18日起，补缴社保在购房资格审核中不予认可。购房者如

（续）

果决定在2016年买房，那么从2010年起，需连续在北京缴纳社保或每月纳税不为零。

（2）有合法有效的北京市暂住证；北京市暂住证的有效期为6个月，因此购房者买房时暂住证不能过期。

（3）购房者在北京没有房屋；如果已经结婚，夫妻双方在北京均没有房屋。非本市户籍人口在北京限购1套住房。

2. 上海购房政策

（1）限购政策。

在本市已有1套住房的本市户籍居民家庭、能提供自购房之日起算的前2年内在本市累计缴纳1年以上个人所得税缴纳证明或社会保险（城镇社会保险）缴纳证明的非本市户籍居民家庭，限购1套住房（含新建商品住房和二手住房）。

（2）停售政策。

对在本市已拥有2套及以上住房的本市户籍居民家庭、拥有1套及以上住房的非本市户籍居民家庭、不能提供2年内在本市累计缴纳1年以上个人所得税缴纳证明或社会保险（城镇社会保险）缴纳证明的非本市户籍居民家庭，暂停在本市向其售房。违反规定购房的，不予办理房地产登记。

（3）首付政策。

① 自2016年11月29日起，居民家庭购买首套住房（即居民家庭名下在本市无住房且无商业性住房贷款记录或公积金住房贷款记录的）申请商业性个人住房贷款的，首付款比例不低于35%。

② 在本市已拥有1套住房的，或在本市无住房但有住房贷款记录（包括商业性或公积金住房贷款记录）的居民家庭申请商业性个人住房贷款，购买普通自住房的，首付款比例不低于50%；购买非普通自住房的，首付款比例不低于70%。

老Q点拨

上海普通住宅的标准：（1）单套建筑面积<140m^2；（2）5层以上（含5层）多高层住宅；（3）实际成交价低于同级别土地上住房平均交易价格的1.44倍。

相关链接

上海购房资格

1. 上海户籍购房资格

上海户籍购房资格如下表所示。

上海户籍购房资格

婚姻	本人2011年1月28日前与父母拥有住房套数	本人2011年1月28日后与父母拥有住房套数	配偶2011年1月28日前与父母拥有住房套数	配偶2011年1月28日后与父母拥有住房套数	本人、配偶及未成年子女拥有住房套数	结果
未婚	1套或2套					可购1套
	3套以上					限购
		1套及以上				
					1套及以上	
已婚	1套或2套	无	1套或2套	无	无	可购2套
	3套	无	1套或2套	无	无	可购1套
	1套或2套	无	3套	无	无	
	1套或2套	1套	1套或2套	无	无	
	1套或2套	无	1套或2套	1套	无	
	1套或2套	无	1套或2套	无	1套	
	4套以上					限购
			4套及以上			
		2套及以上				限购
				2套及以上		
					2套及以上	
	3套		3套			
	3套	1套				
	3套			1套		
	3套				1套	
		1套	3套			
			3套	1套		
			3套		1套	
		1套		1套		
		1套			1套	
				1套	1套	

（续）

2. 非上海户籍购房资格

非上海户籍购房资格如下表所示。

非上海户籍购房资格

户籍	婚姻	购房之日前63个月在本市是否缴满60个月及以上社保或个税	本人家庭名下是否拥有上海住房	结果
外地户籍	未婚			限购
	已婚	未满		限购
		已满	有	限购
			无	可购1套
户籍	婚姻	是否有1年社保或税单	提供劳务合同	结果
境外		无	有	限购
		有	无	限购
		有	有	可购1套

3. 深圳购房政策

（1）限购政策。

本市户籍居民家庭（含部分家庭成员为本市户籍居民的家庭）继续执行限购2套住房的政策；本市户籍成年单身人士（含离异）在本市限购1套住房；能提供自购房之日起计算的前5年及以上在本市连续缴纳个人所得税或社会保险证明的非本市户籍居民家庭，限购1套住房。

（2）首付政策。

对购房人家庭名下在本市无房且无商业性住房贷款记录或公积金住房贷款记录的，继续执行贷款首付款比例最低30%的政策；购房人家庭名下在本市无房但有商业性住房贷款记录或公积金住房贷款记录的，贷款首付款比例不低于50%；购房人家庭名下在本市拥有1套住房的，贷款首付款比例不低于70%。

4. 济南购房政策

2016年12月26日，济南市政府发布限购通知，要求本市户籍家庭限购2套住房；非本市户籍家庭限购1套住房，需提供连续24个月以上在市区缴纳个人所得税或社会保险的证明。

小A：老Q，通过你这一讲解，我才知道每个城市的限购政策还真不一样。

老Q：是的，你不但要了解这些限购政策，还要随时关注这些政策的变化。为了调控楼市，政府会不断出台新的政策，所以你要时刻关注这些消息。

小A：明白了，以后我会多多关注这方面的新闻。

老Q：除了限购政策，你还要了解最新的房产交易税收政策，买房要交哪些税已经成为困扰购房者的一大难题。作为置业顾问，在购房之前帮助客户了解清楚二手房交易中各项税费的收费标准，有利于减少房产交易过程中的问题，还可以避免因为二手房税费问题产生的各种矛盾和摩擦。

小A：哦，那么税收方面都有哪些政策呢？

老Q：我们就主要了解一下房产交易的主要税费，比如增值税、契税、个人所得税、房产税等。

小A：好。

五、房产交易的主要税费

1. 增值税

2016年3月24日，财政部颁发《关于全面推开营业税改征增值税试点的通知（财税〔2016〕36号）》，规定了二手房交易税费的最新政策。

（1）自2016年5月1日起，在全国范围内全面推开营业税改征增值税（营改增）试点。北京市、上海市、广州市和深圳市适用的规则如下。

①个人将购买不足2年的住房对外销售的，按照5%的征收率全额缴纳增值税；

②个人将购买2年以上（含2年）的非普通住房对外销售的，以销售收入减去购买住房价款后的差额按照5%的征收率缴纳增值税；

③个人将购买2年以上（含2年）的普通住房对外销售的，免征增值税。

（2）对于其他城市，个人购买不足2年的住房对外销售，按照5%的征收率全额缴纳增值税；个人将购买2年以上（含2年）的住房对外销售的，免征增值税。

相关链接

普通住宅和非普通住宅的定义

普通标准住宅：是按所在地一般民用住宅标准建造的居住用住宅。公寓、别墅、度假村等不属于普通标准住宅。

普通标准住宅与其他住宅的具体划分界限，2005年5月31日以前由各省、自治区、直辖市人民政府规定。从2005年6月1日起，普通标准住宅应同时满足：住宅小区建筑容积率在1.0以上；单套建筑面积在140平方米以下；实际成交价格低于同级别土地上住房平均交易价格1.2倍以下。

（续）

非普通住宅：
（1）住宅小区建筑容积率在1.0以下（不含1.0）。
（2）单套建筑面积在140平方米以上（含140平方米）。
（3）实际成交价格在该地区市场指导价1.2倍以上（不含1.2倍）。

2. 契税

契税是以所有权发生转移变动的不动产为征税对象，向产权承受人征收的一种财产税。根据国家规定，房屋买卖要向国家缴纳契税，无论是商品房还是存量房的买卖都要缴纳。契税由买方支付。

截至2016年2月，130多个城市出台了去库存相应政策，包括降低税费、农民进城购房、推进异地贷款、提高贷款额度、降低提取公积金的限制等。其中，契税降低规定如下：

（1）对个人购买家庭唯一住房：面积为90平方米及以下的，按1%的税率征收契税；面积为90平方米以上的，按1.5%的税率征收契税；

（2）对个人购买家庭第二套改善性住房：面积为90平方米及以下的，按1%的税率征收契税；面积为90平方米以上的，按2%的税率征收契税。

需要注意的是，北京市、上海市、广州市、深圳市暂不实施上述家庭第二套改善性住房契税优惠政策，仍为购买第二套房按3%征收契税。

老Q点拨

契税调整之后，受益最大的是购买144平方米及以上面积的首套住宅和90平方米及以下面积的二套房的购房者。

3. 个人所得税

个人所得税的支付方为卖方，征收标准如表1-13所示。

表1-13　个人所得税的征收标准

年限	要求	税率
≥5年	家庭唯一生活用房	免征
	非家庭唯一生活用房	20%（按差额）
<5年	家庭唯一生活用房	20%（按差额）

（续表）

年限	要求	税率
无法计算房屋原值	普通住房	1%（按全额）
	非普通住房	2%（按全额）

特别说明：

只有同时满足房产证（契税完税发票）日期过5年且是家庭唯一住房这两个条件，才可免征个人所得税。

4. 土地增值税

土地增值税的征收标准如表1-14所示。

表1-14　土地增值税的征收标准

分类	年限	征收标准
普通住宅		免征
非普通住宅	3年内	房屋成交总额×0.5%
	3～5年	房屋成交总额×0.25%
	5年及以上	免征

老Q：小A，房屋交易时要上缴的税费你都弄明白了吗？

小A：之前不明白，经过你这一讲解，已经明白了。

老Q：但是这些税收政策也不是固定的，国家会根据实际情况适时出台相关的新政策，比如现在房屋交易没有营业税而改为增值税了，契税也有所调整；再比如，北、上、广、深这四个城市的有些政策与别的城市也不一样。所以，你平时要关注最新的行业政策，以便了解最新的消息，给客户准确的解释。

小A：我知道，以后我会多留意这些的。

第二章

如何组建门店

2

第一节 选择开店地址

老Q：小A，前面我们了解了有关房地产的基础知识、专业术语、房产交易的各项政策以及不能上市交易的二手房等内容，你都弄明白了吗？

小A：谢谢您的讲解，这些我已经懂了。

老Q：那就好。之前所讲的这些，是房地产从业人员必须掌握的基础知识。作为未来的店长，你要学的远不止这些。首先，你要学会如何组建门店，包括门店的选址、开店前期的筹备、明确岗位职责、制定操作流程、制定管理制度等，这些都是一个店长应该具备的能力。

小A：明白。要当好店长不但要有基本功，还要有管理能力，是吧？

老Q：不错！那我们就先来看看门店如何选址吧。

小A：好。

一、门店选址的原则

1. 保证充足的客源和房源

门店必须通过满足客户与业主的交易需求来实现自身的利润目标。因此，门店应有一定规模的目标客户，这是保证经营顺利开展的重要条件。

门店的影响力通常有一个相对集中、稳定的范围，一般是以门店设立点为圆心、以周围1 000米距离为半径划定的范围作为可辐射的市场。

（1）半径在500米以内的为核心区域，通常可在该区域内获取本门店客户总数的55%～70%。

（2）半径在500～1 000米的为中间区域，门店可从中获取客户总数的15%～25%。

（3）半径在1 000米以外的为外围区域，门店可从中获取客户总数的5%左右。

界定区域时，应力求获得较大的目标市场，以吸引更多的目标客户，因此，门店所处位置不能偏离选定区域的核心。

2. 保证良好的展示性

门店不仅是直接承揽业务的场所，还是对外展示企业形象的重要窗口，因此选择门店时应尽量保证其有良好的展示性。具体而言，一个好的门店必须具有独立的门面，而且门面应尽量宽一些。同时，门店前不应有任何遮挡物。

3. 保证顺畅的交通和可达性

门店周围的交通是否畅通是检验店址优良与否的重要标志之一。一般来说，门店附近的街道人流量要大、要集中，交通方便，道路宽阔，车辆进出自由且停车方便。

4. 确保可持续性经营

门店选址时，必须具有发展眼光，不仅要对目前的市场状况进行深入的研究，同时对未来的市场发展也要有准确的评估和预测。在门店的经营过程中，外部环境的变化是无时不在的，如交通状况、同行竞争等因素往往会随时发生变化，所有这些可变的因素最好能在门店选址时就有所考虑。

老Q点拨

就门店选址而言，选定的地址应具有一定的商业发展潜力，在该地区具有竞争优势，以保证在以后一定时期内能够持续经营并赢利。

二、门店选址应考虑的因素

在为房地产中介门店选址时，首先要关注的是能否迅速、准确地获取房源信息，能否吸引客户上门来委托买房卖房。具体来说，房地产中介门店在选址时应重点考虑如图2-1所示的两个方面。

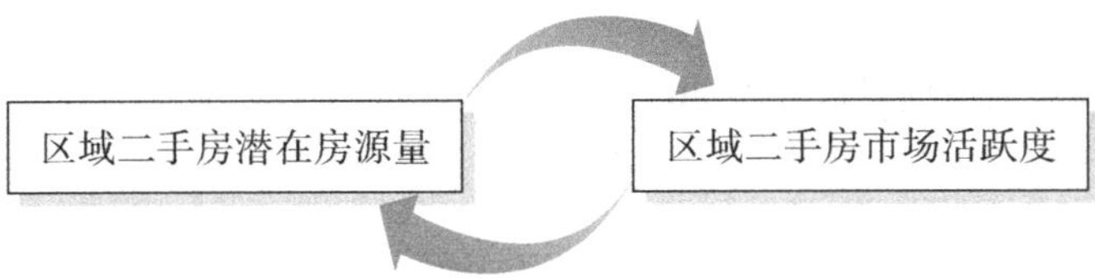

图2-1　门店选址应考虑的因素

1. 区域二手房潜在房源量

如果要购物，大多数人会选择去一些专业市场或繁华的商圈，比如买建材会到建材家居市场，买家电会到专业家电卖场，买日常生活用品会到大超市。但是，如果要买一套二手房，你能找到一家拥有所有房源信息的二手房中介门店吗？答案显然是否定的。

换句话说，二手房中介具有较强的区域限制。通常情况下，一家二手房中介门店的房源主要来自门店所辐射的周边楼盘，也就是集中在门店周边的小区域范围之内。因为大部分业主在卖房时，大都会委托给房源附近的二手房中介。

一方面，房源附近的中介掌握了更多的有购买本区域房产需求的客户；另一方面，有购买本区域房产需求的客户，如果选择主动上门委托求购，一般也是找该区域内的中介。

因此，门店所辐射的楼盘的房源量大小成为二手房中介门店选址的一个关键。如果一个门店所辐射的楼盘多，其潜在房源量就大；反之，如果一个门店只能辐射某个小楼盘，潜在房源量的不足可能就会影响到门店的经营业绩。

老Q点拨

要知道，二手房中介门店的客户主要来自好的房源广告；有了好房源，客户就会上门。

2. 区域二手房市场活跃度

潜在房源量大，市场就一定大吗？那倒不一定。不难发现，每个区域的二手房市场的活跃度是不一样的。有些区域，其存量房产有几千套，但一年也就成交几十套；而有些区域，其存量房产可能只有区区几百套，但一年的成交量却达上百套。因此，二手房中介门店在选址时，不能单单考虑其辐射的楼盘有多少，还应考虑该区域二手房交易市场的活跃度。

比如有些区域，大家都觉得居住起来很舒服，可能就没有多少人想换房了，二手房市场的活跃度自然就低。市场活跃度低，即使客户排着队想买，你能找得到房源吗？找不到房源，再多的客源也没用。

三、门店选址的方法

一般来说，门店在选址时可参考如图2-2所示的几种方法。

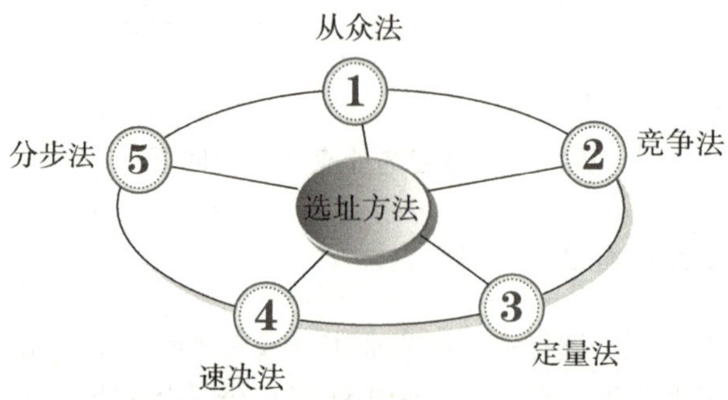

图2-2 门店选址的方法

1. 从众法

即在目标区域内寻找客户最容易到达的、人流相对较大的位置，比如公交站点、超市

（大卖场）、证券公司、学校、公园、住宅区的出入口等人流集中或人们常去的地方。

2. 竞争法

即选在房地产经纪活动已经比较成熟、房地产经纪门店相对比较集中的地方。因为房地产商品的差异性和房地产经纪企业经营定位的差异性决定了房地产经纪门店不仅可以共存，而且对于品牌公司来说，还可以通过自己的实力，降低进入市场和占领市场的成本，减少开店的盲目性并缩短客户培育期；对于小公司、小门店来说，也可通过错位经营、个性服务来减少进入市场和寻找客户的成本。

3. 定量法

即在对目标区域内的建筑数量和类型、人员数量和结构、房地产交易量等基本情况充分了解的基础上，对备选位置的人流量和流动人员构成进行实地勘察、测量、统计，在其中最主要的路段上选址。

4. 速决法

对于好的位置、好的门店能够预先获知，当然是比较理想的，但更多的往往是刚一上市就被人租用，所以要当机立断，若发现好的（能够满足主要条件且有较高的性价比）店铺要迅速拿下，以防节外生枝、错失良机。

5. 分步法

对于房地产经纪企业战略布局的重要区域，即使一时找不到合适的店铺，只要位置还可以接受，价格又比较低廉，可以采取分步法，即先做起来抢占市场，然后再在经营中不断关注和捕捉机会去更换门店。

四、门店环境研究

选址时，对门店环境的研究主要包括如图2–3所示的几个方面。

图2–3 门店环境研究的范围

1. 临街状况

门店所面临的街道是门店客流来源的通道，其通达程度对门店的客流量有很大的影响。在大多数情况下，街道与街道的交接处（如转角、十字路口、三岔路口），客流较为集中，门店如能设置在这种地方，店面会较为显眼，便于吸引客流。因此在设计门店时，应尽量将门店的正门设置在人流最大的一面。

（1）门店选址时应考虑客流的来去方向对房地产经纪业务的影响。店铺选在地铁、轻轨站比火车站好；店铺面向车站要比背向车站好；店铺选在下车客流向的要比上车客流向的好；店铺选在终点站比中途站好，因为终点站的客流量大且人们的停留时间相对比中途站长。

（2）要注意区域干道两边的栅栏对门店的影响。相对来说，如果街道的人行道宽而车行道窄，行人很容易看到并记住两边的店铺，在路过时容易进入，在需要时也容易想到。

（3）交通管理状况也会对门店造成一定的影响。如单行道、禁止自行车通行的快速车道、上街沿街封闭且距离人行横道线较远的，都会造成客流相对减少。

2. 方位

方位是指门店正门的朝向。门店正门的朝向会影响到门店的采光和通风情况，从而在一定程度上影响客流量。

（1）一般来说，坐北朝南的店铺比坐南朝北的好，坐西朝东的店铺比坐东朝西的好；交叉路口、拐角上的位置比路中段、高架下、桥坡旁要好。

（2）店铺门前宽敞且无遮挡的，比店铺门前狭窄、有栅栏、有绿化带阻挡的好。

（3）店铺正前方无树干、电线杆、建筑物等阻挡视线的物品。

（4）大型综合居住区主进出口的两侧往往是房地产经纪企业开设门店的必争之地。

老Q点拨

通常门店以正门朝南为佳。

3. 地势

门店的地势高于或低于所面临的街道，都有可能减少客流。通常，门店与道路基本同处一个水平面是最佳的。

4. 与客户的接近度

与客户的接近度是指目标客户是否容易接近门店。接近度是衡量客户是否容易接近门店的准则。门店与客户接近度越高越好。通常衡量接近度的应考虑以下几个因素，具体如图2-4所示。

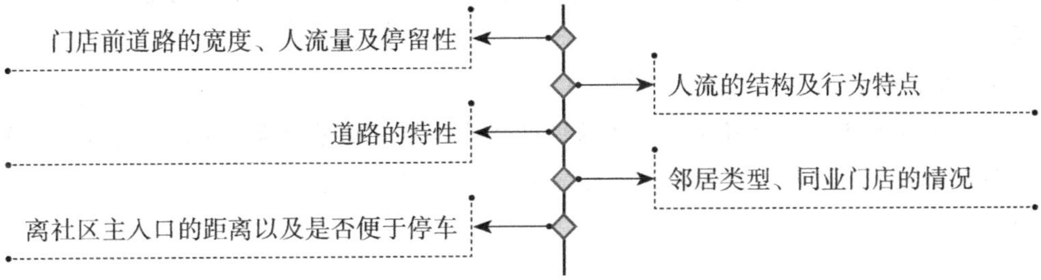

图2-4　衡量接近度应考虑的因素

如果道路过宽，特别是一些快速主干道，反而聚不起人气；高速公路、高架路、大桥的两侧和下匝道不是房地产经纪门店的理想地址，是不适宜设店的。

五、竞争对手分析

在进行门店选址时，首先要对竞争对手做详尽的调查。以选定门店的地点为中心，对1 000米半径尤其是500米半径内的同业门店的发展状况、营运状况进行调查。

调查对手的目的是为了了解竞争对手的经营动向、服务手段及技巧，一般可以采取观察法、电话咨询法等。通过分析竞争对手，还可以掌握选择区域内的目标客户群的真实特性，并针对客户的真正需求有针对性地制定诸如改进服务形象、完善售后服务等经营策略。

另外，对竞争对手经营效益的分析也是至关重要的工作。经营效益分析的主要内容包括：各竞争门店的经营成本和成交额估算、所占市场份额、区域市场的潜在成交额及目前市场的饱和程度、介入竞争后可能获取的区域内的市场份额等。

第二节　开店的前期筹备

小A：看来开店第一步也是最重要的一步就是选址，选择一个好的地址会给以后的生意带来很大的帮助。

老Q：没错，选址是关系到门店经营成败的一个重要环节。店址是门店经营战略组合中灵活性最差的要素。可以这么说，一个门店的其他东西都可以改变，唯独地址是最不易改变的。

小A：以后开店我们一定要在选址上下足功夫，这样才能更好地发展。

老Q：是的，如果发现选址不合适再进行搬迁，还会导致许多潜在问题的发生。首先，可能流失一部分忠诚的客户和员工，搬迁距离越远，损失越大；其次，新地点与老地点的市场状况不同，可能需要重新调整经营策略；最后，门店的固定资产及装修是不可能随迁的，处理时如果估价不当，也会造成资产流失。以上这些因素都使门店的选址变得异常重要。

小A：我懂了。

老Q：投资开店，选择好了门店地址仅仅只是开始，要想开店营业，还得办理相关的手续。接下来我们看看开店要做哪些前期筹备、要办理哪些相关手续。

小A：好。

一、开店应具备的条件

《房地产经纪管理办法》第七条规定：本办法所称房地产经纪机构，是指依法设立，从事房地产经纪活动的中介服务机构。

房地产经纪机构可以设立分支机构。

《房地产经纪管理办法》第八条规定：设立房地产经纪机构和分支机构，应当具有足够数量的房地产经纪人员。

本办法所称房地产经纪人员，是指从事房地产经纪活动的房地产经纪人和房地产经纪人协理。

房地产经纪机构和分支机构与其招用的房地产经纪人员，应当按照《中华人民共和国劳动合同法》的规定签订劳动合同。

相关链接

关于修改《房地产经纪管理办法》的决定

住房城乡建设部、国家发展改革委、人力资源社会保障部决定将《房地产经纪管理办法》的第十条修改为："房地产经纪人协理和房地产经纪人职业资格实行全国统一大纲、统一命题、统一组织的考试制度，由房地产经纪行业组织负责管理和实施考试工作，原则上每年举行一次考试。国务院住房城乡建设主管部门、人力资源社会保障部门负责对房地产经纪人协理和房地产经纪人职业资格考试进行指导、监督和检查。"

本决定自2016年4月1日起施行。《房地产经纪管理办法》根据本决定作相应的修改，重新发布。

二、开店应办理的手续

（1）设立房地产中介服务机构的资金和人员条件，应由当地县级以上房地产管理部门进行审查，经审查合格后再行办理工商登记。

（2）设立房地产中介服务机构，应当向当地的工商行政管理部门申请设立登记。

（3）房地产中介服务机构在领取营业执照后的一个月内，应当到登记机关所在地的县级以上人民政府房地产管理部门备案。

（4）设立有限责任公司、股份有限公司从事房地产中介业务的，还应当执行《中华人民共和国公司法》的有关规定。

相关链接

上海市房地产经纪公司如何注册

一、注册所需的条件

1. 有自己的名称、组织机构。房地产经纪机构的名称应当注明“房地产经纪”字样，专门从事房地产经纪活动。

2. 有固定的经营场所，面积不少于20平方米。

3. 房地产经纪股份公司注册资金为500万元，房产经纪有限公司注册资金为50万元。

4. 所设机构内持有《中华人民共和国房地产经纪人执业资格证书》的人员和持有《中华人民共和国房地产经纪人协理从业资格证书》的人员数量达到所设房地产经纪机构的类型规定的要求。

5. 符合下列条件之一的人员：

（1）持有房地产经纪人资格证并经注册有效的人员不少于2名；

（2）持有房地产经纪人资格证并经注册有效的人员不少于1名，持有房地产经纪人协理资格证并经注册有效的人员不少于3人；

（3）持有房地产经纪人协理资格证并经注册有效的人员不少于5人。

6. 房产中介公司需要去当地的建委备案，需要3个本地的房产证经纪人资格证，一个全国的代理人资格证。

二、注册所需的材料

1. 股东、法人身份证及联系方式（一人有限责任公司需提供监事身份证明）。

2. 公司名字（备用字号）、经营范围。

3. 注册资本及股东比例。

4. 注册地的租赁协议和房产证复印件。

5. 财务人员上岗证与身份证复印件，照片2张。

6. 其他注册材料（核名材料、工商提交签字材料等）。

三、注册所需的时间

名称核准后，20个工作日左右内，企业核名一般5个工作日。

四、注册的流程

1. 工商核名。

2. 签字，提交工商材料。

（续）

3. 工商登记，领三证合一的营业执照（包含税务登记证和组织机构代码证）。
4. 刻章。
5. 办理税务相关手续。

三、店内应公示的内容

房地产经纪机构及其分支机构应当在其经营场所醒目位置公示下列内容：

（1）营业执照和备案证明文件；

（2）服务项目、服务内容和服务标准；

（3）房地产经纪业务流程；

（4）收费项目、收费依据和收费标准；

（5）房地产交易资金监管方式；

（6）房地产经纪信用档案查询方式、投诉电话及12358价格举报电话；

（7）建设（房地产）主管部门或者房地产经纪行业组织制定的房地产经纪服务合同、房屋买卖合同、房屋租赁合同示范文本；

（8）法律、法规、规章规定应当公示的其他事项。

分支机构还应当公示设立该分支机构的房地产经纪机构的经营地址及联系方式。

房地产经纪机构代理销售商品房项目的，还应当在销售现场醒目位置公示商品房销售委托书和批准销售商品房的有关证明文件。

房地产经纪机构及其分支机构公示的内容应当真实、完整、清晰。

第三节　明确岗位职责

小A：没想到注册一家公司还有这么多手续要办理。

老Q：要想合法经营，这些证件、手续是必不可少的，而且相关的证件必须挂在店内显眼的位置。

小A：我知道了，以后开店时一定会注意的。

老Q：门店开业后，作为店长，你要组建自己的团队，熟知门店的业务范围，并明确各岗位的职责，让员工清楚自己的权利和义务。

小A：那门店一般都设有什么岗位呢？

老Q：我们连锁店一般设有店长、置业顾问、店务专员这三种岗位。

一、门店的组织架构

一般来说，连锁门店的组织架构如图2-5所示。

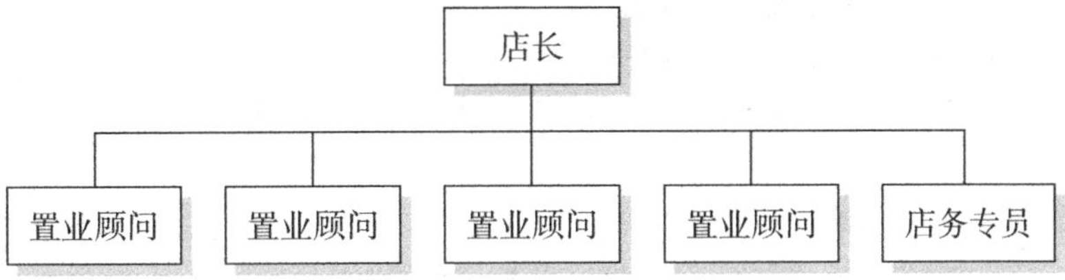

图2-5　连锁门店的组织架构示例

二、店长的岗位职责

老Q：小A，你知道在我们房地产经纪行业，店长的另一种叫法是什么吗?

小A：是叫销售经理吧。

老Q：是的，有的分店也把店长叫销售经理。但叫店长也好、销售经理也罢，他们都是所在门店的主要负责人，负责管理所在门店的一切事务。因此，要胜任店长这个职位，就得具备一定的能力。

小A：那店长要具备哪些能力呢?

老Q：我们可通过门店店长的招聘启事来了解其应具备的能力。你看，下面这则招聘启事就对门店店长的岗位职责和任职要求作了详细描述。

房产中介店长

五险一金　绩效奖金　全勤奖　员工旅游　高温补贴　节日福利

职位月薪：20001~30000元/月　　工作地点：合肥

发布日期：2017-01-16　　工作性质：全职

工作经验：1~3年　　最低学历：大专

招聘人数：4人　　职位类别：房地产销售经理

职位描述　　公司介绍　　举报　收藏

岗位职责：

1.有2年及以上二手房销售经验；优秀人员可放宽条件；

2.诚实守信，工作勤奋，具有良好的团队精神；

3.性格外向，喜欢与人打交道，有良好的陈述、沟通技巧；

4.具有高度的工作热情和较强的观察能力及应变能力。

任职要求：

1.负责所在店面日常管理工作；

2.负责店面员工的管理和培训；

3.对经纪人每日工作内容和完成情况的量化管理 ；

4.具备对所辖店面业绩制定、计划、分解、实施能力；

5.具备对公司制度、纪律的监督、执行能力；营销策略的规划、带动员工处理好与员工、主管之间的关系的能力；

6.具备对店员的专业知识和技能的培训能力 。

7.一经转正，公司即可购买五险，弹性的工作时间，高温补贴，节假日福利等

工作时间：08:30—11:30,13:30—18:00

具体来说，店长的岗位职责如表2-1所示。

表2-1 店长的岗位职责

序号	职责分类	具体说明
1	人员管理	（1）以身作则，规范运营，做好自我时间管理，引导员工形成良好的工作习惯 （2）对所有员工每日工作内容及其完成情况进行量化管理 （3）应与员工进行定期和不定期的沟通与交流，了解员工的思想动态，帮助员工树立乐观积极的心态 （4）从员工日常工作中发现其薄弱环节，对其进行针对性培训，了解员工生活、工作状况，并给予帮助 （5）充分运用公司资源，积极与其他连锁店进行经验交流
2	行政管理	（1）严格执行并监督员工按照连锁店运营系列标准开展工作 （2）对连锁店重大事情进行审批 （3）负责连锁店钥匙管理、办公设备的使用和维护、办公用品的购置和发放 （4）负责员工考勤制度的实施及管理 （5）负责连锁店公章及所有表单的保管与发放 （6）参加公司的各项会议并向店内员工传达会议及文件精神
3	业务管理	（1）负责连锁店业务的统一安排和督导，制定连锁店的业绩目标及落实置业顾问业绩目标，并承担主要管理责任 （2）负责佣金折扣的审批 （3）负责房源信息卡、登报房源的审核 （4）负责店内业务排行榜的制作更新、店内信息公告栏的制作更新，例如有关市场信息、系统信息和最新房源信息 （4）负责客户房屋所有权证、土地证、钥匙等物品的登记和保管 （5）每日16：30之前登录ERP，填写“成交管理”中的“日报表”，上报当日营业情况

（续表）

序号	职责分类	具体说明
3	业务管理	（6）负责常用业务表单的保管与发放；督促置业顾问上交已签署的“委托协议”“看房协议”“房地产买卖定金合同”“房地产买卖中介合同”“房屋租赁合同”等文本，并对其进行记录、汇总、审核、归档 （7）负责店内房源、客户信息的整理统计、归档，每天及时上传ERP，定期备份，制作外部房源本供客户翻阅 （8）负责店内租赁业务的管理
4	核证管理	（1）负责签订“房地产买卖定金合同”“房地产买卖中介合同”“房地产买卖契约”等相关的合同 （2）收集、整理最新交易相关政策，并及时对内公布 （3）负责银行、担保公司等协作方的联系工作 （4）按合同相关约定办理过户手续 （5）根据过户进展，负责填“二手房合同资料信息”，并及时与置业顾问沟通 （6）按合同约定，做好房款交接、发放的审核工作 （7）合同所有事宜完毕后，做好整理、统计、归档工作 （8）负责连锁店人事、财务方面具体工作的管理和实施 （9）负责对店内所有表单进行管理

三、置业顾问的岗位职责

老Q：小A，我们现在来看看置业顾问的岗位职责是什么。

小A：置业顾问是不是房地产经纪人的另一种叫法啊？

老Q：是的，业内通常也把房地产经纪人叫置业顾问。

小A：哦，怪不得我看到那些招聘启事中，对置业顾问和房地产经纪人的要求都差不多呢，原来只是叫法不一样啊。

老Q：那我们现在就来看看招聘启事中对置业顾问有什么要求。

房产经纪人/置业顾问/房地产销售

更新时间：今天　　浏览：112次　　投递：4人

职位名称：房地产销售（全职）　　月　　薪：8000~12000元

最低学历：大专　　工作经验：不限（应届生亦可）

年　　龄：20~35岁　　招聘人数：20人

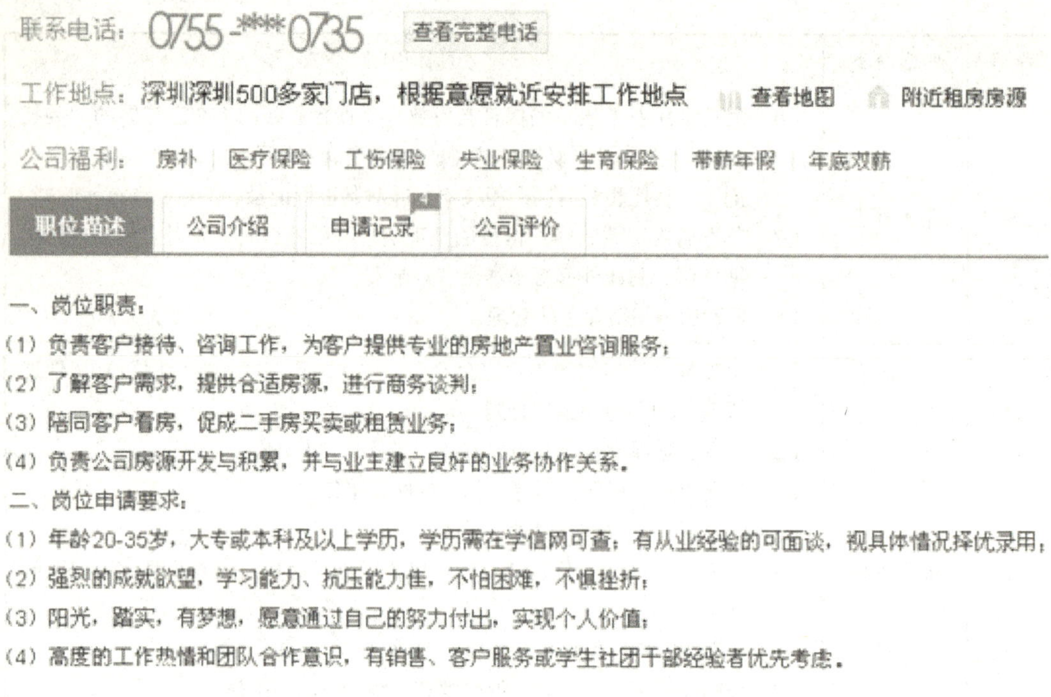

联系电话：0755-****0735 查看完整电话

工作地点：深圳深圳500多家门店，根据意愿就近安排工作地点 查看地图 附近租房房源

公司福利：房补 | 医疗保险 | 工伤保险 | 失业保险 | 生育保险 | 带薪年假 | 年底双薪

职位描述 公司介绍 申请记录 公司评价

一、岗位职责：

（1）负责客户接待、咨询工作，为客户提供专业的房地产置业咨询服务；

（2）了解客户需求，提供合适房源，进行商务谈判；

（3）陪同客户看房，促成二手房买卖或租赁业务；

（4）负责公司房源开发与积累，并与业主建立良好的业务协作关系。

二、岗位申请要求：

（1）年龄20-35岁，大专或本科及以上学历，学历需在学信网可查；有从业经验的可面谈，视具体情况择优录用；

（2）强烈的成就欲望，学习能力、抗压能力佳，不怕困难，不惧挫折；

（3）阳光，踏实，有梦想，愿意通过自己的努力付出，实现个人价值；

（4）高度的工作热情和团队合作意识，有销售、客户服务或学生社团干部经验者优先考虑。

一般来说，置业顾问的岗位职责如下：

（1）遵守公司及门店的各项规章管理制度，严于律己；

（2）对项目周边的市场进行调研，充分了解周边的详细情况；

（3）充分了解和熟悉市场资源，注重相互交流，积极拓展市场，做好迎接客户的各项准备工作；

（4）认真登记来电、来访客户，按时填写来电来访登记表，并做好每一位客户的答疑工作；

（5）熟悉各项工作操作流程，按质按量完成各项工作任务；

（6）认真参加公司组织的培训，并开展自我学习，不断提高自己的专业能力和业务水平；

（7）与客户保持良好的关系，做好售后服务，保持良好的礼仪规范，树立公司及门店形象；

（8）做好每一单客户的各项相关工作，将客户资料整理备份，确保相关内容完整、有序；

（9）认真负责地催缴客户余款，保证公司资金及时回笼。

四、店务专员的岗位职责

店务专员一般为总部统一招聘、统一培训、统一管理的行政类管理人员，隶属于总部运营中心。总部赋予店务专员以管理者与执行者并存的职能，既要管理单店行政事务，也要配合及监督、上报单店的业务工作，同时作为单店与总部沟通的桥梁，还要配合总部各个部门做好相应工作。

一般来说，店务专员的岗位职责如下：

（1）负责房源信息的收集、整理、发布和行政文案处理及售后服务手续的办理，协助安排店面值班人员并对其进行管理；

（2）负责店面机要信息管理及来访电话、人员的接待工作；

（3）负责各类合同、收据及客户档案的审核与归档，对客户反馈意见进行及时传递、处理；

（4）协助店长做好业务人员业绩汇总、成交等内网管理审核工作，按时上报各项汇总报表；

（5）做好店面会议的记录并归档，及时传递公司与部门的各项政策、制度及各类通知；

（6）根据集团相应管理制度做好店面行政管理工作（如考勤管理、申请、日常行为规范管理等工作）；

（7）负责办公物料（包括手机、工装、名片、宣传品等）及固定资产的申请与管理；

（8）秉承“节约成本”的原则，严格按照备用金使用流程执行；

（9）对员工进行网络运用及财务管理等相关知识的培训工作，并与财务部等相关部门做好沟通对接工作；

（10）由店长统一管理，做好店内行政管理工作，建立、完善人事档案材料，严格借档手续；

（11）严格执行保密制度，严禁房源资料、公司资料等外泄；

（12）完成上级领导交办的其他工作。

第四节　制定操作流程

小A：看来各岗位的分工还是很明确的。

老Q：是的，明确岗位职责具有三个方面的好处：

第一，可以让员工了解自己的岗位职责，能够最大化地进行劳动用工管理，科学地进行人力配置，做到人尽其才；

第二，能够有效地防止因为职位分配不合理而导致员工之间出现推脱工作、推卸责任等现象；

第三，有利于规范员工的行为，同时也可作为我们考察员工绩效的重要依据。

只有分工明确，员工才清楚自己的工作职责，才知道什么是自己该做的，什么是不该做的。

小A：我知道了，明确岗位职责对于公司员工管理规范化来说是很重要的。

老Q：作为一店之长，你不但要管理好员工，更要管理好业务。针对业务操作，要制定详细的流程，以便下属按流程办事，少出差错。

小A：那都有哪些操作流程呢？

老Q：那我们先来看看二手房的销售流程、置业顾问的销售流程以及二手房的交易流程这几块。

小A：好。

一、二手房销售业务流程

二手房销售业务流程如图2–6所示。

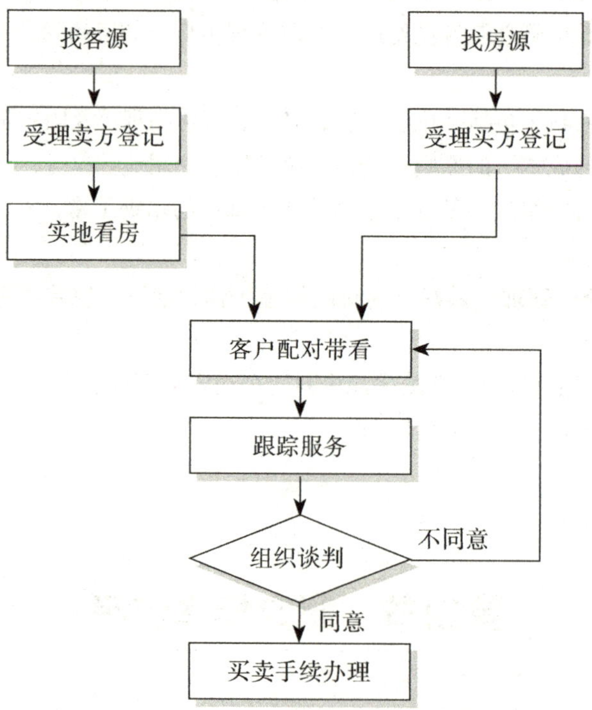

图2–6　二手房销售业务流程图

二、置业顾问的销售流程

置业顾问的销售流程如图2–7所示。

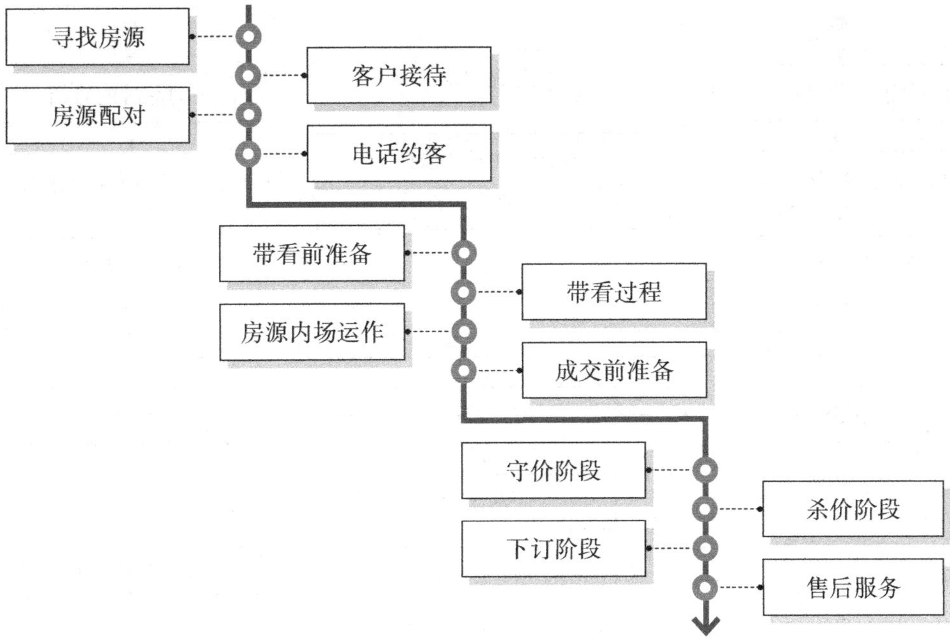

图2–7　置业顾问的销售流程图

三、二手房交易流程

二手房交易流程如图2–8所示。

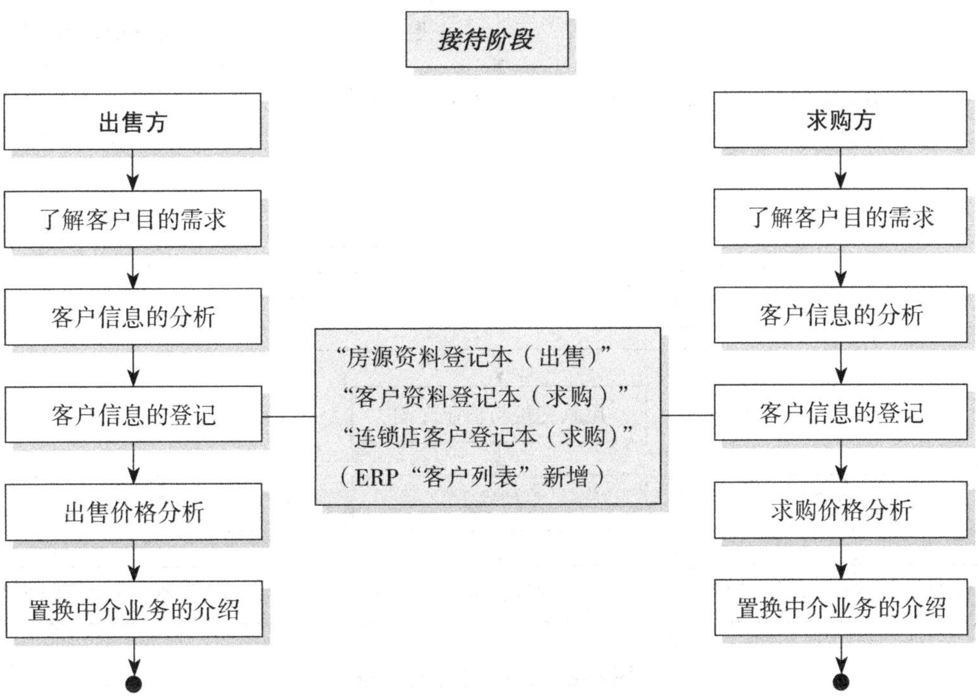

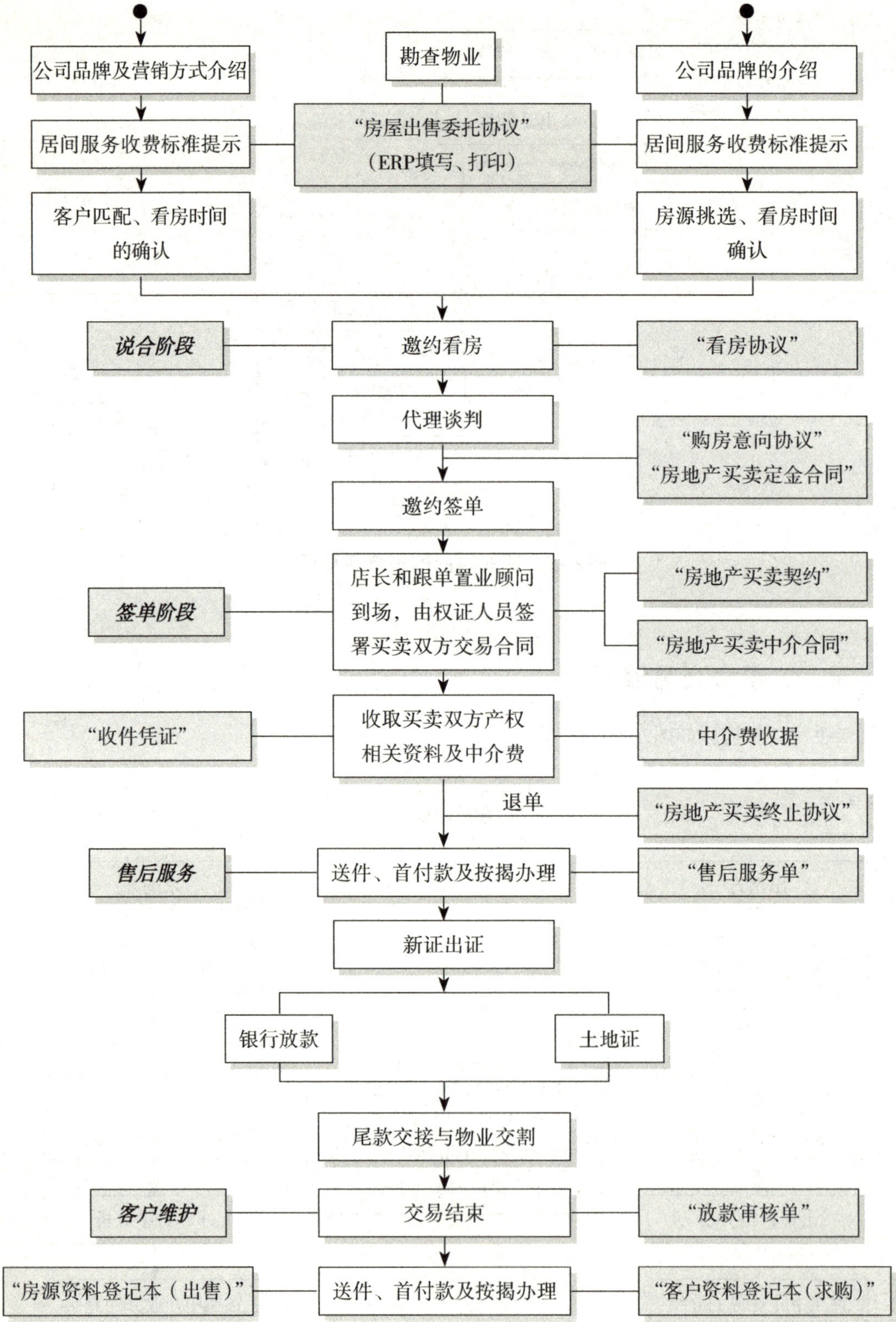

勘查物业
公司品牌及营销方式介绍
居间服务收费标准提示
客户匹配、看房时间的确认
"房屋出售委托协议"（ERP填写、打印）
公司品牌的介绍
居间服务收费标准提示
房源挑选、看房时间确认
说合阶段
邀约看房
"看房协议"
代理谈判
"购房意向协议"
"房地产买卖定金合同"
邀约签单
签单阶段
店长和跟单置业顾问到场，由权证人员签署买卖双方交易合同
"房地产买卖契约"
"房地产买卖中介合同"
"收件凭证"
收取买卖双方产权相关资料及中介费
中介费收据
退单
"房地产买卖终止协议"
售后服务
送件、首付款及按揭办理
"售后服务单"
新证出证
银行放款
土地证
尾款交接与物业交割
客户维护
交易结束
"放款审核单"
"房源资料登记本（出售）"
送件、首付款及按揭办理
"客户资料登记本（求购）"

图2–8　二手房交易流程

老Q：上图中的暗框内为对应的白底框内容所要使用的表单或文本，标注ERP是指需在ERP中进行操作。比如，若为出售方，则要求填写“房地产出售委托协议”；若为求购方，根据客户的要求为其寻找合适的房源，进行配对，安排实地查看物业并填写“看房协议”。

小A：是不是说，每进行到一个阶段都要签署相应的协议啊?

老Q：是的，这就是咱们编制流程的意义所在，目的就是为了让每一步操作都规范化、标准化。同时，每一步流程都有相应的文本作为依据。但是这些表单文本，不同的公司可能也不一样。

小A：知道了，我会抓紧时间来熟悉咱们公司的各种表单和文本的。

第三章

如何做好员工管理

3

第一节　员工招聘管理

老Q：小A，前面我们了解了如何组建门店，其中包括明确各岗位工作职责。其实，这些岗位职责都需要通过员工来实现的，这就需要加强员工的管理，做到人尽其用，使其更好地完成各自的工作。

小A：岗位是固定的，但人是活的，我也觉得加强员工管理是很有必要的。

老Q：不错，员工管理是很重要的。人是最重要的财富和资源，任何组织的发展都离不开人。通过人员管理，不仅可以发现、选聘、使用和培养优秀的人才，还可以充分调动人的积极性，提高他们的工作效率。

小A：那对于我们连锁门店来说，该如何管理好店内员工呢？

老Q：主要从三个方面来加强管理。首先是员工招聘管理，如果招聘不到合适的人员，门店就无法正常运转。有效的招聘可以提高员工的满意度、降低员工的流失率、减少员工的培训负担、增强团队的工作士气、减少劳动纠纷的发生，从而提高门店的业绩水平。

小A：啊，招聘工作这么重要啊。那我们该如何做好招聘工作呢？

老Q：下面我们就来具体看看。

一、招聘原则

在招聘员工时，应该遵循图3-1所示的原则。

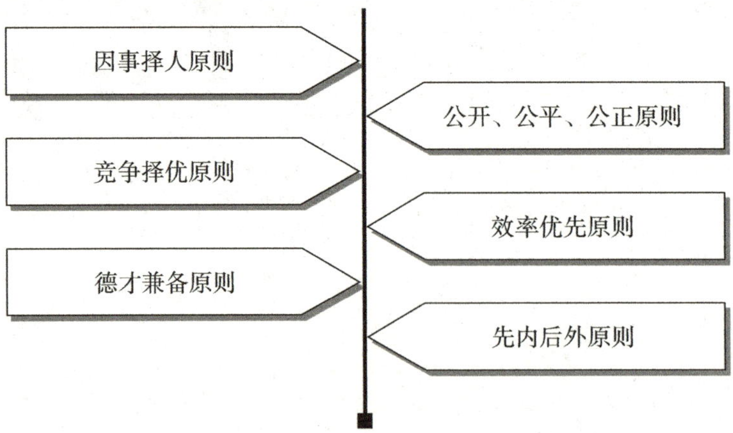

图3-1　招聘员工的原则

1. 因事择人原则

所谓因事择人，就是应以实际工作的需要和岗位的空缺情况为出发点，根据岗位对任职者的资格要求选用人员。

2. 公开、公平、公正原则

公开就是要公示招聘信息、招聘方法，这样既可以将招聘工作置于公开监督之下，防止以权谋私、假公济私的现象，又能吸引大量应聘者；公平公正就是确保招聘制度给予合格应征者平等的获选机会。

3. 竞争择优原则

竞争择优原则是指在员工招聘工作中引入竞争机制，在对应聘者的思想素质、道德品质、业务能力等方面进行全面考察的基础上，按照考查的成绩择优选拔录用员工。

4. 效率优先原则

效率优先原则就是用尽可能低的招聘成本录用到合适的人选。

5. 德才兼备原则

人才招聘中必须注重应聘人员的品德修养，在此基础上考察应聘者的才能，做到以德为先、德才兼备。

6. 先内后外原则

在人才招聘中，应先从公司内部选聘合适人才，在此基础上进行对外招聘，从而充分运用和整合公司现有人力资源。

二、招聘方式

对于房地产中介连锁门店来说，一般有图3-2所示的两种招聘方式。

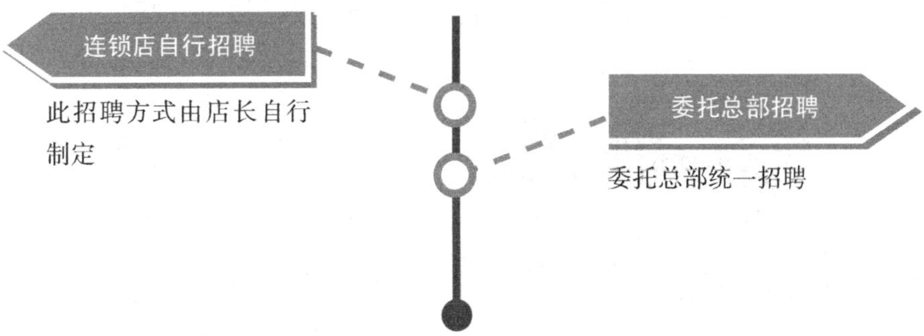

图3-2　招聘员工的方式

三、招聘途径

一般来说，房地产中介连锁门店的招聘途径主要有以下几种。

1. 张贴招聘海报

在连锁店橱窗上张贴总部统一设计的“××房产招聘海报”，接待直接应聘者。一般来讲，招聘海报主要包括公司名称、企业简介、岗位名称、招聘名额、职位描述、职位要求、联系方式等几项内容，可参考图3-3所示的招聘海报。

图3-3　招聘海报截图

2. 发布招聘广告

招聘广告一般是在报纸、杂志、网络、公众号等媒体上发布。一般来讲，招聘广告主要包括公司名称、企业简介、岗位名称、招聘名额、职位描述、职位要求、联系方式等几项内容，可参考图3-4所示的招聘海报。

图3-4　招聘海报截图

3. 网络招聘

在网络技术高度发达的今天，网络招聘成为一种有效的招聘手段。招聘信息可以定时定向投放，发布后也可以对其进行管理，费用相对比较低廉，理论上可以覆盖全球。

网络招聘主要有两种方式，具体如图3–5所示。

图3–5 网络招聘的方式

现在越来越多的公司在自己的公司网站上长期设置招聘栏目，吸引求职者浏览公司的网站，这样不仅有利于为公司招聘人才，而且具有广告效应，增加公司的知名度。图3–6就是某地产公司官网发布的招聘信息。

图3–6 某公司的网络招聘信息截图

老Q点拨

事实上，对许多公司而言，互联网已经不仅仅是一个发布招聘广告的媒体，而是具有多种功能的招聘服务系统。

四、面试技巧

店长在面试员工时，应掌握一定的面试技巧，以便招到更好、更合适的员工。下面提供一份店长面试技巧汇总，供大家参考。

表3-1 店长面试技巧汇总

序号	类别	具体说明
1	面试准备	（1）通知面试应简单明了，讲清楚面试的时间、地点、应携带的资料，注意礼貌，以维护公司的形象 （2）审查应聘者的申请表和履历表，特别注意与本次面试职位相关的工作经验 （3）清楚所要面试的职位要求 （4）选择合适的面试地点，理想的面试地点应是安静的，其他干扰也应较小 （5）预计面试所需的时间
2	建立和谐的气氛	（1）向应聘者问好，介绍自己的名字及职位，并对其参加本公司的招聘表示感谢 （2）通过问一些没有争议的问题来缓和紧张的气氛，如天气、交通情况等，以缓解应聘者的紧张情绪
3	提问	（1）尽量避免提及以“是”或“否”回答的问题，而要提那些需要应聘者详尽地作出回答的问题 （2）在应聘者回答问题时不时地点头或微笑，适时给予反馈 （3）不要用审问的语气对待应聘者，也不要采取讽刺或者漫不经心的态度 （4）要多问开放性问题，并倾听应聘者的回答，鼓励他们充分表达自己的想法
4	面试索引	（1）清楚有关应聘者的基本资料（资历、工作经验、教育状况、家庭背景），可通过发问方式获得所需资料 （2）留意其情绪的稳定性 （3）注意其仪容及衣着 （4）避免表现出针对性的态度 （5）问开放式的问题 （6）每问一个问题后，需暂停一会儿，耐心聆听并注意应聘者的手势及语调 （7）概括地介绍工作范围及晋升机会 （8）让应聘者知道最后的通知时间
5	背景询问范例	（1）你以往的主要工作职位是什么？掌握了哪些技能 （2）职位是否发生过变化 （3）为什么你（或打算）要辞去目前这份工作 （4）请描述一次你成功解决问题的经历 （5）你如何评价自己的优势和缺点

（续表）

序号	类别	具体说明
6	面试中的观测与评核	（1）根据实际情况有选择地进行提问并观察应聘者的行为反应：从回答中评估，或观察其身体语言（眼神、表情、姿势等）以作参考 （2）设定"技能测试"来测定应聘者的实操技能，如礼仪、服务意识、销售技巧、计算能力等
7	结束面试	（1）给予求职者提问的机会 （2）应以积极的态度结束面试 （3）告之如果公司对其感兴趣，下一步将怎么办 （4）如需拒绝求职者，不可太过生硬，要讲策略 （5）如果仍须考虑，则应告诉求职者公司将尽快以电话形式通知其面试的结果 （6）向求职者致谢
8	回顾面试	（1）检查面试记录，填写面试表格 （2）趁记忆尚清晰时，尽快回顾面试的场面，以避免填写错误
9	通知上班时间	（1）介绍公司名称及店铺号码、地址 （2）清楚告知上下班的时间 （3）交代所需携带的资料 （4）说明上班的衣着要求

第二节 员工培训管理

小A：没想到，员工面试还有这么多技巧，我可得好好学学了。

老Q：是啊，通过这些技巧，可以帮助你招到更优秀的人才。但是，不是说你招到了人就万事大吉了，你还得加强对新员工的培训，以便让他们更快地适应环境和新的工作岗位，更快地进入角色，提高工作绩效。

小A：明白，新员工进来后的第一件事，就是进行入职培训。通过入职培训，可以让员工进一步了解企业，对企业的发展情况、企业文化、业务流程、管理制度等有更全面的了解。

老Q：不错，新员工培训非常重要。下面我们就来看看，如何做好新入职员工的培训管理。

小A：好。

一、员工培训的目的

新员工培训又称为入职培训，是房产中介企业将聘用的员工从社会人转变成为房产企业人的过程，同时也是员工从组织外部融入到组织或团队内部，并成为团队一员的过程。房产中介新员工培训的基本目的如下：

（1）让新员工了解企业的基本情况，包括企业历史、企业文化、战略发展目标、组织结构和管理方式；

（2）让员工了解工作流程与制度规范，帮助员工明确自己工作的职责、程序、标准，并使他们初步了解企业及其部门所期望的态度、规范、价值观和行为模式等；

（3）通过培训帮助新员工建立良好的人际关系，增强员工的团队意识与合作精神。

老Q点拨

每一个新员工在试用期内都需参加由公司组织的入职培训，培训后的考核结果将作为员工转正的依据之一。

二、员工培训的内容

成功的新员工培训可以起到传递企业价值观和核心理念，并塑造员工行为的作用，它在新员工和企业以及企业内部其他员工之间架起了沟通和理解的桥梁，并为新员工迅速适应企业环境、与其他团队成员展开良性互动打下了坚实的基础。一般来说，员工培训主要包括图3-7所示的内容。

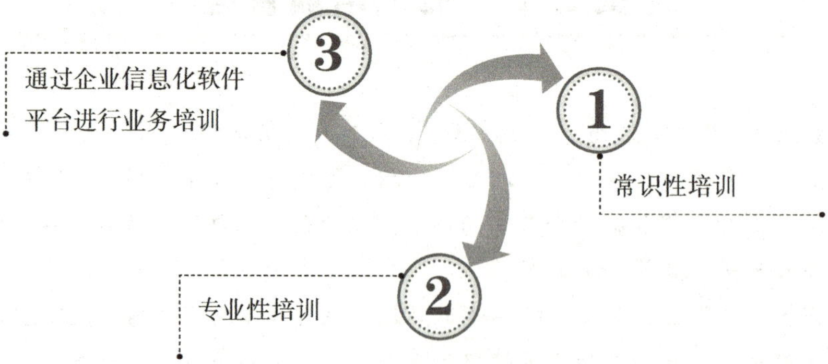

图3-7　员工培训的主要内容

1. 常识性培训

常识性培训是指对员工进行企业发展历程、企业文化、管理理念、组织结构、发展规模、前景规划、产品服务与市场状况、业务流程、相关制度和政策及职业道德教育等方面的介绍、讲解和培训，使其可以全面了解、认识企业，并激发员工的使命感。

2. 专业性培训

专业性培训主要包括介绍部门结构、部门职责、管理规范以及培训基本专业知识技能、讲授工作程序与方法、介绍关键绩效指标等。在此过程中，部门负责人要向新员工说明岗位职责的具体要求，在必要的情况下做出行为示范，并指明可能的职业发展方向。

3. 通过企业信息化软件平台进行业务培训

业务培训是指房产中介企业对新员工进行有关房地产行业知识、房地产中介业务知识、房地产政策、业务开拓技巧等一系列有关今后工作内容的培训。

比如，房管家ERP中介软件提供先进的业务问答管理平台，能够让新员工在进行完常识性培训和专业性培训后，独立进行业务知识体系培训，使其更快地了解房地产行业业务知识以及公司的日常工作流程。

三、编制培训大纲

新员工在店面报到后，店长应为其安排学习计划，帮助其更好地理解企业文化及房地产经纪行业。新员工职前学习以企业文化、商圈调查为主，同时结合实际情况观察其工作态度，并对其进行房地产基础知识、业务技能方面的辅导。

下面提供一份新入职员工培训纲要的范本，供大家参考。

【范本】房地产中介门店新入职员工培训纲要

××房地产中介门店新入职员工培训纲要

时间	每天学习的内容	必须掌握的内容	可与店长、师傅交流的内容
第1天	（1）熟悉店内所有同事，主动向大家介绍自己，并在下班之前写下店内同事的名字 （2）主动不计回报地为店内任何一位同事做一件事情，并获得同事的肯定 （3）向店长落实师傅以及带教事宜 （4）熟悉公司的基本制度，并在下班之前完成默写，正确率须达到85% （5）大致了解责任商圈，完成店长或者师傅指定的楼盘调查表 （6）自行准备好跑盘所必须的交通工具（如电动车、自行车、持照摩托车）	企业文化内容，店内、同组员工姓名，公司制度	公司情况、行业特点、区域市场等

（续表）

时间	每天学习的内容	必须掌握的内容	可与店长、师傅交流的内容
第2天	（1）继续熟悉责任商圈，完成店长或师傅指定的楼盘详表 （2）向店长或师傅学习内网系统的使用方法以及相关规定 （3）向店长或师傅学习房源和客源的开发渠道并掌握相关定义 （4）向同事寻求帮助，在同事陪同下看两套房源 （5）向店内同事请教网络查房和开通相关账号的方法 （6）基本掌握责任商圈的配套（交通、购物、教育、生活、医疗等配套）	责任盘、责任商圈配套，内网使用方法，房源录入要求	责任盘的意义及精耕方法
第3天	（1）精耕商圈，加深对商圈内所有道路、楼盘、配套的了解以及印象，完成店长的抽查 （2）向店内同事学习网络开发的方法和技巧，并独立拨打3~5个客户电话 （3）继续在店内同事的陪同下看两套房源，并简述房屋的优缺点 （4）向店长或者师傅学习户型图的绘制方法以及相关标准，并完成两套书面户型图绘 （5）做好租赁业务的相关准备工作（向店内同事学习如何清理和梳理无效及有效房源） （6）做好上店工作的相关准备（严肃着装以及形象）	画（电子）户型图，网络开发房源	网络开发的意义及方法
第4天	（1）向店长或者师傅学习实勘以及使用钥匙的相关规定和方法 （2）独立完成空看三套房屋的工作，并请求同事协助绘制所看房屋的户型图 （3）向店长或者师傅学习客源的邀约方法和技巧，并拨打至少5个客源邀约电话 （4）陪同租赁同事完成2~3组客户的带看过程，并记录下相关的心得和感受 （5）在店长或者师傅的指导下完成新增两套以上网络房源的任务 （6）独立安排正常上班时间内的其他空余时间，并向店长叙述其合理性	常用业务术语、洗盘技巧、电话沟通技巧、网店操作方法	洗盘的意义及方法
第5天	（1）独立空看3套以上房屋，并独立绘制所看房屋的户型图 （2）向店长或者师傅学习联系钥匙以及实勘的方法和技巧，并拨打5个以上联系电话 （3）向值班同事学习接待上门客户的方法，并陪同接待两组以上客户；向值班同事学习心得和经验	联系钥匙和实勘的方法、技巧	带看的意义及方法

（续表）

时间	每天学习的内容	必须掌握的内容	可与店长、师傅交流的内容
第5天	（4）继续陪同其他同事带看两组以上客户，须评判该同事在带看过程中所展现的优势以及不足的地方 （5）向店长学习驻守的概念和意义，并陪同老员工驻守1小时以上，且记录相关心得 （6）向店长或者师傅学习洗盘术语，并拨打10个以上洗盘电话		
第6天	（1）温习责任商圈，绘制出商圈的概略图，要求正确率达85%以上 （2）参与并执行综合考核，在下班前完成表格内容 （3）独立完成一组客户的邀约带看，并匹配好相应的房源，且完成该房屋的带看 （4）独立拨打15个以上洗盘电话，并成功打出至少两套以上房源 （5）参与当日值班，协助值班同事及店长完成当日工作，并值班至正常下班时间 （6）向店长学习售房的完整交易流程	商圈概略图、售房交易流程	网店的意义及使用方法
第7天	一周小结，概述七天的工作内容、收获、心得等；重新审视本人对工作的认可度	一周总结	入职考评的准备
学员须知： 学员应充分了解以上职前七天要学习的内容，主动沟通，按要求完成每日学习任务；参加每天的晨会、夕会，认真填写每天的学习总结表，做好入职考评的准备；如有企业文化、规章制度方面的问题，请主动与店长交流、学习；如有业务类、技巧类方面的问题，请积极寻求师傅、老员工的帮助；其他日常工作方面的问题，可与师傅、其他同事交流寻求解决办法；努力做到在实际工作中学习、成长，在实际工作中展现自我			

四、进行培训考核

新员工在接受完入职培训后，需要参加考试，从而决定其是否可以顺利办理入职。一般入职考核包括商圈考核、店长考试、区域经理考核三个部分。

1. 商圈考核

商圈考核以每天的新人“跑盘明细表”（见表3-2）及商圈图、户型图为准（见图3-8）。

表3-2　跑盘明细表

<table>
<tr><td>楼盘名称/地址</td><td colspan="5"></td></tr>
<tr><td>开发商</td><td colspan="5"></td></tr>
<tr><td>总建筑面积</td><td></td><td>绿化率</td><td colspan="3"></td></tr>
<tr><td>总楼数</td><td></td><td>总户数</td><td colspan="3"></td></tr>
<tr><td>楼龄</td><td></td><td>房本时间</td><td colspan="3"></td></tr>
<tr><td>建筑类型</td><td></td><td>产权性质</td><td colspan="3"></td></tr>
<tr><td>现售均价</td><td></td><td>地区指导价</td><td colspan="3"></td></tr>
<tr><td>不同户型出租价</td><td colspan="5">一居：　二居：　三居：</td></tr>
<tr><td>贷款成数</td><td colspan="5"></td></tr>
<tr><td>物业公司名称</td><td colspan="5"></td></tr>
<tr><td>物业费用</td><td colspan="5"></td></tr>
<tr><td>采暖方式</td><td></td><td>费用</td><td colspan="3"></td></tr>
<tr><td>水费</td><td></td><td>电费</td><td></td><td>燃气费</td><td></td></tr>
<tr><td>车位数量</td><td></td><td>价位</td><td colspan="3"></td></tr>
<tr><td rowspan="9">楼盘周边设施</td><td>配套设施</td><td colspan="4">设施名称</td></tr>
<tr><td>公共交通线路</td><td colspan="4"></td></tr>
<tr><td>公园</td><td colspan="4"></td></tr>
<tr><td>超市商场</td><td colspan="4"></td></tr>
<tr><td>娱乐场所</td><td colspan="4"></td></tr>
<tr><td>学校</td><td colspan="4"></td></tr>
<tr><td>医疗机构</td><td colspan="4"></td></tr>
<tr><td>周边中介</td><td colspan="4"></td></tr>
<tr><td>其他设施</td><td colspan="4"></td></tr>
<tr><td>该楼盘卖点</td><td colspan="5"></td></tr>
<tr><td>店长点评</td><td colspan="5"></td></tr>
<tr><td>员工确认</td><td></td><td>店长确认</td><td colspan="3"></td></tr>
</table>

社区商圈图	社区户型图
	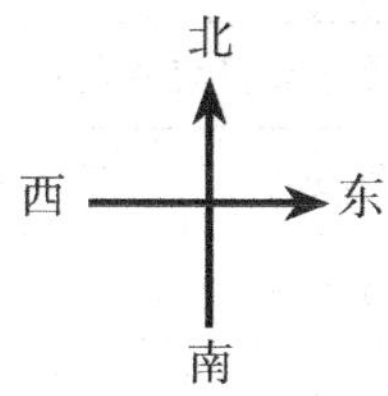
要求： （1）绘制区域主干道及内部主要支路 （2）在图中标注：银行、学校、医院、公交车站、菜市场、知名的餐饮、娱乐休闲场所、商场、超市、其他中介机构等 （3）标注区域内楼盘项目、住宅小区的位置及名称 （4）对所经过的××店面进行标注,并索要店长名片	要求：画出屋内主要配套物品；标注该户型在楼盘的具体位置；电脑作图

图3–8　社区商圈图及户型图

2. 店长考试

店长根据新人的学习内容进行每日测试，如新人是否了解区域和店面的组织结构、人员名称、企业及店面文化、行业的工作特性等，具体的面谈内容要结合学习内容确定。学习结束时要对新人进行笔试，考试成绩合格者，最终店长作出综合评价供区域经理参考。

下面提供一份房地产中介门店辅导计划完成表与一份新入职人员测试题，供大家参考。

【范本】房地产中介门店辅导计划完成表

××房地产中介门店辅导计划完成表

考核项目	店面实习	是否达成	责任人
知识	了解店内组织结构、企业文化、人事制度等	□是　□否	店长
	培训中介服务的流程、交易流程、收费标准等业务知识	□是　□否	店长
	了解房地产的基础知识	□是　□否	店长
	掌握房地产的交易税费计算	□是　□否	店长
	了解公司的规章制度及各种工具表格的使用	□是　□否	助理
技能	掌握商圈调查的技能和方法	□是　□否	店长
	了解电话开发的技巧及注意事项	□是　□否	店长
	掌握画户型图的技巧	□是　□否	店长

（续表）

考核项目	店面实习			是否达成	责任人
态度	遵守公司规章制度			□有　□无	助理
	积极的工作态度（有无抱怨）			□有　□无	助理
	与同事相处融洽			□有　□无	助理
	勤奋工作			□是　□否	助理
	强烈的学习意愿			□是　□否	助理
	适应房地产经纪行业			□是　□否	店长
	认可公司的企业文化			□是　□否	店长
业务目标	至少进行两次内网电话开发			□是　□否	店长
	至少进行五次商圈调查并填写“跑盘明细表”			□是　□否	店长
	至少两次陪同开发			□是　□否	店长
	至少两次陪同带看			□是　□否	店长
	至少开发一个客户			□是　□否	店长
	独立绘制户型图			□是　□否	店长
	背诵十条房源信息（位置、楼层、朝向、户型、面积、价位、产权性质、房龄、装修状况）			□是　□否	店长
	独立进行外网开发			□是　□否	店长
店长确认		助理确认		区经确认	

第三节　员工绩效管理

老Q：小A，前面关于员工培训管理的内容你了解清楚了吗？

小A：我有点明白了，新入职的员工，不但要按章程对他们进行系统的培训，还要对培训效果进行评估，也就是做好培训考核，是吗？

老Q：是的，培训考核不仅可以对培训效果进行有效检验，也为企业继续开展培训活动提供了依据。

小A：我知道了，以后我会加强这方面的学习。

老Q：那行，今天我们来看看如何做好员工的绩效管理。

小A：好。

一、制定绩效目标

绩效管理是店长管理团队的重要环节，它可以反映置业顾问的工作效果及其未来工作的潜能。通过绩效评估，可以激励先进、鞭策后进，促进团队的整体发展，从而提升店铺的整体工作效率。因此，店长需要负责制定门店员工的绩效目标。

1. 目标制定

为了使团队成员明确努力方向，也便于店铺工作分析和绩效评估，店长应及时为团队成员制定切合实际的绩效目标。店长在制定团队成员绩效目标时应做好以下工作。

（1）根据组织目标制定团队成员的绩效目标，使团队成员的绩效目标与组织的总体目标相符合。

（2）团队成员的绩效目标应具有较强的挑战性，虽有一定难度，但经过努力能够完成，这样有利于发掘团队成员的潜能。

（3）团队成员绩效目标及其评估标准应为团队成员所接受，这样才能有利于加强团队成员的自我管理。

2. 制定原则

只有根据一定的原则制定绩效目标，才能确保工作朝正确方向推进。店长在制定绩效目标时，可遵循表3-3所示的原则。

表3-3　绩效目标的制定原则

序号	原则	具体要求
1	个性化	即使房地产经纪人的工作职责描述相同，但是针对不同经纪人要设定不同的目标，只要在他们的绩效目标中承认了其独特的需要、技术与能力，他们就可以以不同的方式实现自己的绩效目标
2	过程性	制定目标的过程比创立目标更重要。因为在沟通过程中，房地产经纪人可以意识到为了实现组织整体目标必须做出贡献
3	可度量性	订立可测度的绩效目标很容易，但是要制定可度量的目标却很困难，制定目标要保证其可实施性与可达成性
4	一致性	店长与房地产经纪人就各个目标达成共识，能一致理解个体目标如何对整体目标的成功产生联动影响，这种上下一致很重要
5	反馈性	在工作年度中，如对设定目标没有任何反馈与沟通的话，再完美的目标也形同虚设。设置目标的一个重要原因就是让房地产经纪人在工作中进行自我监督，并通过正式或非正式的讨论，发现实现工作目标过程中的隐患，从而在以后的工作中不断提升自己

3. 目标内容

目标包括两部分：第一部分描述团体成员必须实现的绩效，即“什么工作”；第二部分描述用于评估置业顾问是否实现目标的标准。让我们看下面一些例子。

（1）可以量化的目标。

目标：销售方面增加20%成交率。

第一部分“销售”描述的是“做什么”。第二部分“增加20%”描述的是测量单位，可以用来度量整体目标是否实现。就这一目标而言，第一部分太模糊，加上第二部分之后，才形成具体的测量年度绩效进步的标准。

（2）不容易量化的目标。

目标：房源开发能力有所提升。

这一目标中，“做什么工作”是“房源开发能力的提升”，但是标准却很难度量或计算。怎样才算是有所提升？如果你能界定或描述你所指的“提升”是什么，就不会产生这种问题，这一点很重要。因此，目标应该可以是量化的，如“房源开发量每月增加10%”。

（3）可使绩效标准具体化的方法。

在上例中，我们关注的是我们想要得到的。有时候，详细明确我们不希望得到的结果会更容易。如“每月拜访150个客户，其中只有2个或2个以下可能流失”。

4. 目标可测量化

绩效目标没有标准的程式。理想的状态是：绩效目标应该尽量具体化。目标越具体，置业顾问与店长就越有可能就目标的内涵达成共识，这是至关重要的。

（1）非常模糊的绩效目标。

目标：“确保所有置业顾问正确完成工作任务。”

这是一种非常模糊的表达，实际情况可能是：对不同置业顾问意味着不同的目标，对店长也一样。到了讨论与评估绩效的时候，对绩效的不同理解会导致冲突的产生，所以这种目标太泛化了。

（2）比较清晰的目标。

目标：“完成月度工作报表，并在月底前把报表上交给店长。”

同上例比较，这一目标具体得多。到了评估置业顾问是否实现目标的时候，这一评估过程会很直接明了。店长与置业顾问只要回答一个问题：“月度报表是否完成并在月底前上交给了店长？”

设立目标有一个权衡取舍的过程，因为目标越具体，覆盖范围越小，就需要设立越多的目标，准确规定一个置业顾问要实现什么绩效。有时候抓住收益递减规律成功地设立了目标，但是目标设定成了消耗时间的过程，让人精疲力竭，这样的话，设立目标的成本超过目标所带来的收益，就有些得不偿失了。

（3）具体可以被测量的目标。

目标：“完成每周踩盘报告，踩盘报告数据必须准确，上交之后不需再作修改。在每周末把报告上交给店长，并且报告内容要达到店长要求的标准。”

这是一个具体的目标，它可以被测量。但是，你会想象出为每个人订立这种目标的情形吗？这的确是一个问题。所以，店长在设定绩效目标时，要努力实现某种程度的平衡，使目标足够具体，保证员工与店长对目标的内涵达成一致理解，同时避免耗时耗力地起草过于具体的目标，从而保证其可测量性与可操作性，提升整体绩效水平。

二、制定绩效考核办法

绩效考核的办法主要有如图3–9所示的几种。

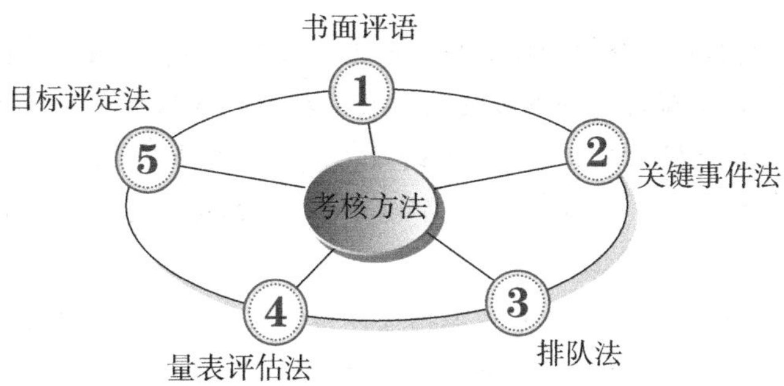

图3–9 绩效考核的办法

1. 书面评语

书面评语是最简单的一种考绩法。评定人用书面形式描述被评定人的优缺点、过去的表现、未来的发展潜力以及建议改进的地方等。

2. 关键事件法

关键事件法是指把置业顾问在关键事件中的各种杰出表现或明显不足之处记录在案，由此指出哪些是积极的行为、哪些是不理想的行为。

3. 排队法

排队法是指对置业顾问直接进行比较，通常以“总的绩效”为基准，作出从最佳到最差的排序。

4. 量表评估法

量表评估法是应用最广泛的绩效评估方法。绩效评估表通常包括几项有关的评估项目，如对工作成果、工作中的行为及工作态度等项目设立具体的评分标准，最后把各项得分相加，即得出每个人的绩效评分。

5. 目标评定法

目标评定法是指由置业顾问确定的目标而提供绩效标准，按照置业顾问达到目标的程度独立评估。这种评估方法的最大优点在于为置业顾问的工作成果确立了明确的目标，能激励置业顾问尽量向目标靠拢。

下面提供一份房地产中介门店绩效考核办法的范本，供大家参考。

【范本】房地产中介门店绩效考核办法

××房地产中介门店绩效考核办法

1. 考核目的

（1）直接目的是客观地分析和评价房地产经纪人工作职责的履行情况和工作的实际效果，提供真实可靠的人力资源管理和开发的相关数据，并且根据考核结果正确实施奖惩，合理配置人力资源，全面提升房地产经纪人绩效，保障公司的可持续发展。

（2）采用目标管理体系，公司制定总发展目标，然后分级分解管理办法。

2. 考核原则

（1）绝对考核原则：以工作任务和工作目标为依据，按照岗位职责标准对房地产经纪人的工作行为进行考核，而非人与人之间的对比考核。

（2）分析考核原则：按岗位职能设置考核要素和考核重点逐项进行考核，而不是对人进行模糊的整体评价。

（3）一个主体原则：采用一个主管考核的办法，并以主管和下属共同确认的考核结果为依据。

（4）一个辅助原则：房地产经纪人和部门经理的最终考核结果受部门整体考核结果的影响。

3. 考核组织

（1）公司成立考核领导小组，由总裁办成员组成，日常办公设在企管部，由企管部绩效主管具体承办。

（2）各部门对考核评价有不同意见，可以直接向总裁办书面申明，由总裁办裁决。

4. 考核方式

（1）采用通用评价和岗位职责评价法对房地产经纪人进行考核，并结合目标管理法（部门整体工作目标达成情况）对部门进行考核。

（2）房地产经纪人考核先由主管上级进行评价，再结合部门考核结果确定房地产经纪人的最终考核结果。

（3）根据公司下达的季度工作目标分解表建立部门工作目标，由直接领导对部门工作目标达成情况进行考核，并结合相关部门的评价确定最终考核结果。

（4）采用季度考核和年终考核。

5. 考核内容

（1）房地产经纪人主要考核内容为：专业知识和工作能力，岗位职责的履行情况，部门职责的履行情况。

（2）部门主要考核内容为：部门工作目标完成情况，部门合作协调关系。

（3）高层领导考核为：以所管辖部门考核结果为准，主管多个部门的按照考核平均分计算。

6. 考核程序

（1）作为季度和年度考核的依据，房地产经纪人每周应向上级主管提交工作周志，主管阅后评价并签字，记载相关信息作为下属季度考核依据。

（2）季度终结进行考核时，部门主管根据所记载信息和房地产经纪人工作目标完成情况，填写“房地产经纪人考核表”打分并签字，然后交企管部。部门主管由主管领导考核。

（3）部门每周五填写“部门周工作目标考核表”，并确保与主管上级沟通完毕，每季度填写“部门季度工作目标考核表”，然后交上级领导考核评价。

（4）各部门考核表打分完毕，交企管部统计，统计结果经房地产经纪人和部门签字确认，然后造表发放季度考核工资。

7. 考核注意事项

（1）房地产经纪人季度考核工作由企管部组织。考核结果由被考核者与主管上级共同完成，即每次考核时，被考核者的直接上级必须与被考核者进行至少一次的沟通。部门考核由门店管理部组织，并进行相关沟通和统计工作。

（2）各部门于每季度第一个月的4日前将上季度每个房地产经纪人的考核量表及部门考核表交至门店管理部，由门店管理部完成数据统计。

（3）门店管理部于每月6日前将每个房地产经纪人上月考核分数报至财务部，财务部将在每月8日前将绩效工资发给房地产经纪人。

8. 考核表

（1）考核使用公司门店管理部统一印制的考核表。

（2）考核表的考核标准由门店管理部根据部门应履行的职能和房地产经纪人所需能力和岗位职责制定。

（3）考核表的统计工作：岗位责任评价尺度和目标管理考核采用百分制计算，房地产经纪人最终考核成绩＝个人考核分×80%＋部门考核分×20%；部门负责人考核成绩＝个人考核分×50%＋部门考核分×50%。

9. 考核结果

（1）如果对考核结果不满，被考核人员可以在接到结果之日起2日内向门店管理部提出书面投诉，逾期不提出异议视为同意。对于投诉，由门店管理部及投诉者上级针对投诉内容进行调查、协商解决，必要时由总裁办公会最终裁决。

（2）年终考核时，考核结果为季度考核分数的平均数，即年度考核分数=∑季度考核分数÷4。

10. 考核责任

（1）原则上由部门正职担任，部门负责人由主管领导考核。

（2）不能在规定日期内上交的，视为考核者工作失误，由此引起的绩效工资不能按时发放的责任由考核人承担。门店管理部有权对未按时送达考核表的考核人处以罚款，罚款金额为其绩效工资的10%。

11. 工资发放

（1）绩效工资占工资总额的20%，季度考核工资额＝月绩效工资×N%×3（N=考核分数）。

（2）考核期内不发放绩效工资，考核期终结时，按照季度考核结果发放绩效工资，绩效工资随同每季度最后一个月的工资发放，考核在60分以下的不发给季度绩效工资。

12. 附则

（1）本制度自××年×月×日开始实施。

（2）试运行期限为××年第×季度。

（3）本制度由门店管理部负责解释。

13. 支持性文件

（1）房地产经纪人工作周志。

（2）部门周（季度）工作目标考核表。

（3）各部门职责和房地产经纪人岗位规范。

（4）公司目标管理体系。

三、绩效考核的反馈

反馈是绩效考核中的最后一个环节，也是最重要的一个环节。绩效反馈的目的是让被考核者了解自己的绩效状况，将管理者的期望传递给被考核者。

绩效反馈的途径有很多，但其中最直接、最有效的方式就是面谈。通过面谈，不但可以准确地将绩效考核的结果告知员工，更重要的是，在面谈过程中，店长与员工可以面对面地交流，双方可以针对考核结果，共同讨论研究出改进的方案。

1. 绩效面谈的目的

店长与员工进行绩效面谈的目的如图3–10所示。

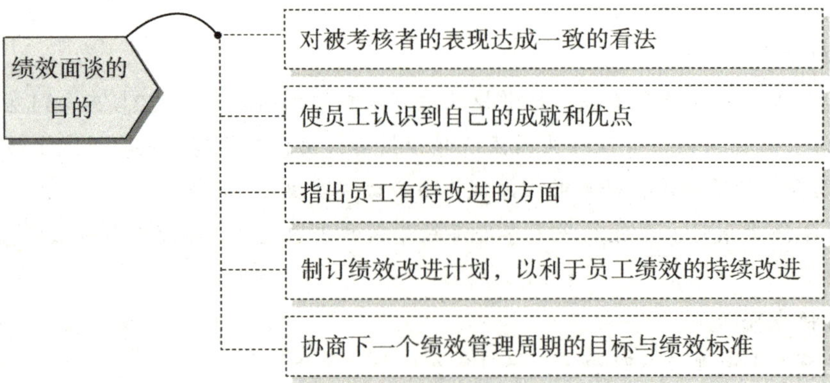

图3–10　绩效面谈的目的

2. 绩效面谈的准备

店长在与员工进行绩效面谈前，应做好图3-11所示的准备工作。

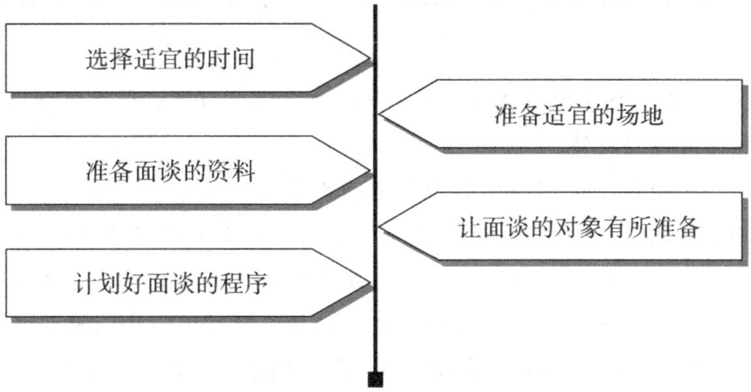

图3-11　绩效面谈的准备工作

四、绩效考核结果的应用

绩效考核本身不是目的，而是一种手段，应该重视考核结果的运用。绩效考核的结果可以应用于多个方面，既可为人力资源管理提供决策信息，还可以为员工个人在绩效改进、职业生涯发展方面提供借鉴。绩效考核结果的具体运用表现在图3-12所示的几个方面。

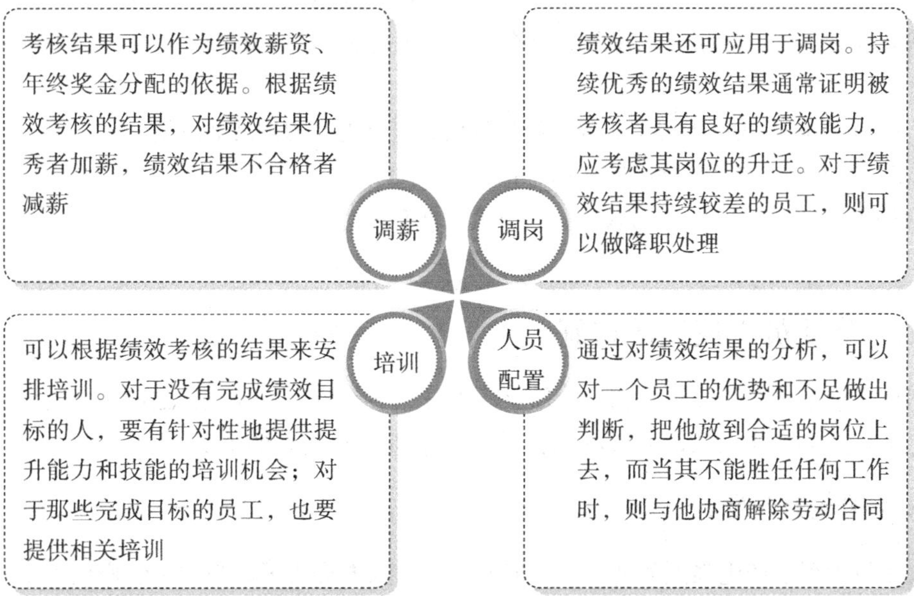

图3-12　绩效考核结果的运用

第四节　员工离职管理

小A：老Q，看来绩效管理还真不简单，既要制定绩效目标，还要有相应的考核办法，最后还要对考核结果进行反馈。

老Q：是的，可以说，公司整体的管理运营都是以绩效为导向的，都是围绕绩效而展开的。成功的绩效管理，应该是让公司的所有员工都能达成公司期许的目标与工作标准。

小A：通过你这一讲解，我有点明白了，成功的绩效管理就是给予绩效佳的员工更多的发展空间，以追求更好的绩效；对绩效未达预期标准的员工，由店长与其进行面谈，共同拟定改善计划与措施，让员工能尽快达到符合标准的绩效，是这样吗？

老Q：非常正确。我们企业实施绩效管理，还有一个意义就是要提高员工的满意度。只有员工满意了，企业才能留住员工。但是，“铁打的营盘流水的兵”，再好的企业也会有员工要离职，这是不可避免的。下面我们就来看看如何做好员工的离职管理，以及如何降低员工的离职率。

小A：好。

一、员工离职原因分析

任何公司都会有员工离职，房地产中介门店也不能避免。当有员工提出离职时，店长应仔细分析员工离职的原因，并采取措施降低员工离职率。一般来说，员工离职的原因主要有以下几种。

（1）有的高素质员工为了实现自身的价值，谋求更好的发展而跳槽。

（2）为了寻求更高的薪酬收入而跳槽。

（3）房地产中介行业压力较大，人员流动性较大。

二、降低员工流失的措施

房地产经纪行业人员队伍相对不稳定，人员流动率较大。因此，如何防止员工流失、留住优秀的置业顾问、激发置业顾问的工作热情，是门店管理的重要课题。

1. 制定福利制度

高薪虽然可以产生强烈的冲击力，但同时也让双方形成了较强的金钱雇佣关系，对于长期留住置业顾问不一定奏效，因为其他门店可以用更高的薪水把人挖走，也就是说，高薪在吸引人才、留住人才、激励人才方面并不具持久的优势。事实上，求职者和用人单位之间原本就是双向选择的关系，门店选人才、人才选门店，福利好的门店自然会成为求职者的首选。

为了适应日益激烈的人才竞争环境，越来越多的门店开始注重为置业顾问提供薪资以外的关心和激励。

比如，建立“置业顾问持股”制度，将门店的利益与置业顾问的利益紧紧联系在一起；为置业顾问提供医疗和相关保险、提供健康和健身计划、允许灵活的工作安排、提供补充养老计划、提供贴息贷款、提供班车和免费工作餐；组建“置业顾问俱乐部”、开展“置业顾问家庭日”活动、组织集体旅游活动；提供培训机会或在新的领域给予更多的拓展机会等。

老Q点拨

福利制度的实施，体现了门店的人性化关怀，增强了置业顾问的归属感，激发了置业顾问的动力和活力，同时也体现了门店“细微之处见真情”的管理理念，有利于凝聚人心。

下面，提供一份房地产中介门店置业顾问福利制度的范本，供大家参考。

【范本】房地产中介公司置业顾问福利制度

××房地产中介公司置业顾问福利制度

为了加强置业顾问归属感，体现公司的人文关怀，进一步推动公司门店文化建设，从而提升门店的向心力和凝聚力，根据公司具体情况，特制定以下福利制度。

一、住房公积金

根据各地市政府保障职工住房基本需要的要求，公司为本地置业顾问或持有居住证的外地置业顾问缴纳住房公积金。

二、医疗

公司每年5～10月组织置业顾问进行一次体检，以确保每位置业顾问健康地投入工作。体检由行政人事部统一组织，在公司指定的医院进行，体检结果由行政人事部备案。

三、节日津贴

按照我国的民族传统习惯，每年的端午节、中秋节、春节、妇女节，公司向置业顾问发放过节费。具体的发放标准见后面列表。

四、防暑降温费

7～9月，公司每月会给置业顾问发放固定的防暑降温津贴。具体的发放标准见后面列表。

五、礼金

为发扬以人为核心的门店文化，公司在置业顾问结婚、生子、生日、住院、直系亲属去世等情况发生时，向置业顾问赠送礼品或礼金以示关怀。具体的发放标准见下表。

福利费用发放标准

福利名称	福利标准
体检	500元
端午节	500元
中秋节	500元
春节	2 000元
妇女节	200元
防暑降温费	500元
置业顾问结婚、生子、住院、直系亲属去世	1 000元
置业顾问生日	500元

六、娱乐活动

为了丰富置业顾问的业余生活，增加置业顾问对公司文化的认同感，公司将根据置业顾问的建议组织各种娱乐、文体活动。

七、旅游

公司组织一年一度的置业顾问旅游活动，旅游经费视置业顾问在公司服务年限而定。

（1）进入公司工作未满一年者，年度旅游需自付50%的费用。

（2）工作满一年而未满两年者，年度旅游自付20%的费用。

（3）工作满两年者，年度旅游无须自付费用，但最高旅游经费为每人每年3 000元。

（4）年度旅游可携带家属，其费用需全额自付。

八、通信费

根据个别工作岗位需求，定额报销通信费用。

九、其他

公司所有的福利政策皆为集体活动行为，个人不参加者视为自动放弃，公司不以现金或其他方式进行补偿。

2. 实行有效激励

对置业顾问这样一个充满压力与挑战的职业来说，激励尤为重要，良好的激励有助于提高置业顾问的工作热情与动力。但是店长在制定和实施员工激励政策时，也要讲究一定的艺术，具体如表3-4所示。

表3-4　激励的艺术

序号	激励艺术	具体内容
1	激励必须及时	现代心理学研究证明，及时激励的有效性远大于滞后激励。适当缩短常规奖励的时间间隔，保持激励的及时性，更有助于取得最佳激励效果；频繁的、小规模的奖励会比大规模的奖励更为有效；减少常规定期的奖励，增加不定期的奖励，给置业顾问更多意外的惊喜，也有利于增强激励效果
2	激励面要广	科学的激励方法是缩小奖项，扩大受奖面，多设集体奖，少设个人奖，要特别注意对置业顾问的微小进步给予及时鼓励
3	激励要因人而异	要根据置业顾问的个性心理特征，采取相应的激励方式
4	重视过程激励	不仅表扬那些获得优异成绩者，也要表扬那些尚未成功的努力者，特别是虽然遭受挫折但毫不气馁的奋斗者
5	给激励注入真情和真诚	管理者的赞扬只要出于真心，哪怕只是一个眼神、一句话、几个字都会收到意想不到的效果。特别是当置业顾问对自身缺乏足够的自信时，往往感怀于细言微行，这时，来自管理者的真诚赞美和鼓励，必然会产生极大的激励作用

车可以行驶，靠的是引擎；飞机可以飞翔，靠的是引擎；而激励就像是引擎一样，可以给员工以动力。因此，店长有必要对员工实施激励管理。

下面提供一份房地产中介激励制度的范本，供大家参考。

【范本】房地产中介公司激励制度

××房地产中介激励制度

一、嘉奖制度

1. 每位恪尽职守、热诚服务、业绩卓著的员工均可获得嘉奖资格。

2. 嘉奖分为店内嘉奖、区域嘉奖、全国嘉奖和全球嘉奖四种。

3. 店内嘉奖：

（1）早晚会通报表彰；

（2）张榜表扬；

（3）授予荣誉称号；

（4）出席上一级嘉奖会议。

注：嘉奖的类别和数额由店长根据员工贡献情况决定。

4. 区域奖励由××区域统一制定。

每半年区域会评选优秀经纪人、最佳经纪人，颁发奖品、奖状及徽章；获奖名单会在××地产中国区域的内部杂志及网络上刊载。

5. 年度优秀经纪人可以获得免费外出培训学习的机会。

二、晋升制度

1. 初级

经纪人助理：新招募的员工，正处于试用期的员工，无房产中介销售经验。

房产（实习）经纪人：有房地产销售经验；新招聘正处于试用期的员工。

2. 中级

房产经纪人：有房地产销售经验，取得房地产经纪人资格证书，经过××地产××区域培训试用合格并通过21PLUS初级（房源及客户开发技巧）培训者。

3. 高级

资深经纪人：通过21PLUS课程及在岗培训并取得证书，持有房地产经纪人资格证书，具有房地产销售经验，能独立完成销售个案。

4. 特级

高级经纪人：在××地产体系内从业一年以上，有熟练的销售技巧和丰富的专业知识，持有国家经纪人资格证；业绩突出；能带动和培训新销售人员。

三、受理员工离职

针对员工的离职要求，店长有责任和义务与其进行离职面谈，提出挽留。

如果员工执意要离职，店长应让其填写离职申请表，并上交由房地产中介门店所发的工作用品，如工服、工牌等，同时填写离职清单。待相关部门领导签字同意后，店长最后签字确认，员工方可正式离职。

老Q点拨

未办离职手续自行离职者，公司财产若有损失、遗失，损失全额从离职人员的薪资中扣除；如薪资不足以抵扣时，公司有权借助法律手段追回损失。

第四章

如何做好日常管理

4

第一节 组织召开门店早会

老Q：小A，前面讲的如何管理员工你都了解清楚了吗？

小A：嗯，从员工的招聘、培训，到制定员工的绩效考核办法，再到如何留住员工，我都有了大概的了解。

老Q：这就好，要知道，只有满意度高的员工才会努力地工作，才会让顾客满意。

小A：嗯，我明白。

老Q：那好，接下来我们看看从早上开门营业到晚上营业结束，你要如何做好日常管理工作。

小A：好。

老Q：首先，我们从了解如何组织召开门店的早会开始。早会是贯彻公司经营政策的最佳时刻，是进行营销活动管理的重要手段之一。在许多房地产从业人员心目中，每天的早会就是上班的开始。因此，从某种意义上说，早会对于房地产中介门店经营起着至关重要的作用。

小A：没想到早会还有这么重要的意义啊，那您就给我讲讲如何召开早会吧。

一、早会的重要性

对于房地产中介门店来说，通过召开早会可以达到以下效果。

（1）通过早会学习到与业务相关的知识和技巧，有助于业务人员不断调整自己的策略，以适应市场变化。

（2）在早会时间及时交流盘源和客户需求，有助于业务人员及时实现盘源和客源的配对，从而做到快速成交。

（3）宣传和落实公司政策，形成公司高层和基层业务人员的互动。

（4）展示自我、激发潜能，让员工产生自豪感和归感属。

老Q点拨

房地产中介行业是个非常依赖信息的行业，信息的对称程度与团队的业绩关系息息相关，门店早会是交流盘源和客源的重要场合，同时也是同事之间交流经验的重要时段。

二、早会的目的

作为地产中介的基层管理者，店长有责任将每一个员工由一个社会人转变成“地产中介人”。除了营销管理之外，店长还需要通过早会塑造门店的营销文化，并达到以下目的。

（1）它是业务队伍每天工作前的热身运动，是业绩的启动点。

（2）提升门店人员士气。

（3）通过早会强化人员活动管理，增强门店凝聚力。

（4）通过建立门店文化模式，贯彻团队经营思想。

三、早会的内容

早会的内容应尽量避免空洞、深奥且脱离实际的理论或论题，而应是具体、易于实行或稍加努力就可以达到的目标，主要包括以下内容。

（1）公司政策宣导。

（2）员工入司、晋升仪式。

（3）盘源和客户需求的交流。

（4）检查员工每日行程、工作计划与总结。

（5）欢乐时光。

（6）财经新闻与阅读（注意各大新闻网站、报纸的房地产板块新闻）。

（7）知识竞赛、辩论比赛、演讲比赛。

（8）头脑风暴、集体创作。

（9）经验分享。

（10）激励士气。

（11）专题教育与训练。

（12）各种资料填写与收集。

（13）交易流程跟催。

（14）角色扮演。

（15）个案研讨、集思广益。

（16）庆生会。

老Q：很多店长经常抱怨员工缺乏参加早会的热情，或者对早会抱冷眼旁观的态度。究其原因，主要还是早会缺乏吸引力，使员工将每日必须参加的早会当成了负担。

小A：我也是这么想的，那怎么才能让早会富有激情、让员工乐于参加呢？

老Q：事实上，只要店长精心组织，每天都有高质量的早会，员工就会乐意参加的。下面我们简要探讨一些调动员工参加早会积极性的“秘诀”。

四、早会成功的要点

如果每天的早会只是读新闻、谈体会，甚至只有公司政令的宣传，难免会让员工感到乏味无趣。因此，店长在平时要多方面搜集各种资料，灵活运用多种活动方式，使员工的热情持续下去。

1. 确定早会的主题

早会一定要有主题，千万不要漫无目的地聊天，且聊的都是与工作无关、与主题无关的事情。这样不但浪费了宝贵的时间，还会使人心涣散。作为店长，一定要清楚每次早会的主题是什么。

图4-1所示的就是某房地产中介门店一周早会主题。

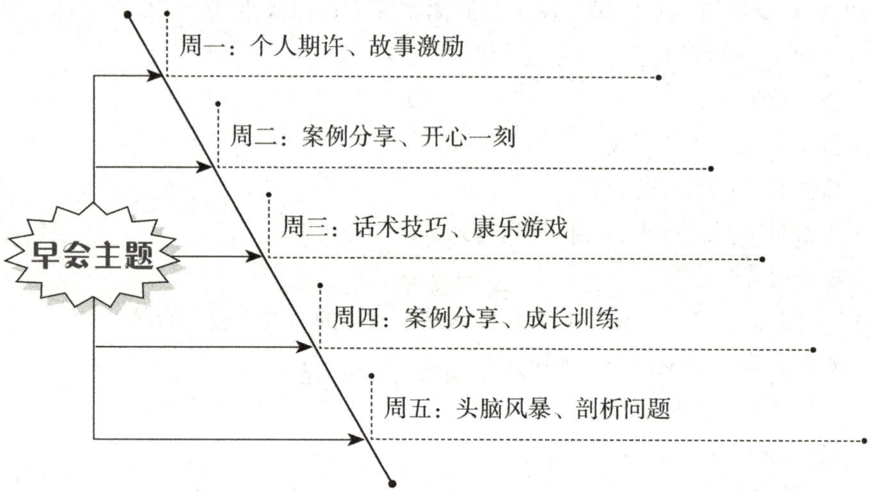

图4-1　房地产中介门店一周早会主题示例

这五个主题中既有严肃的话题讨论、实用的技巧传授，又有轻松幽默的笑话、欢快的手语舞、启迪人心的小游戏、开发智慧的成长训练，做到了严肃活泼、人人参与、参与多少、收获多少。

下面提供一份房地产中介门店早会小游戏的范本，供大家参考。

【范本】房地产中介门店早会游戏集锦

××房地产中介门店早会游戏集锦

一、抱团打天下

1. 游戏方法

（1）让全体人员并肩围成一圈，或站成一排。

（2）主持人站在台中。

（3）公布游戏规则，比如主持人说3，大家要迅速凑成3人的组合，这3个人要抱得紧紧的，不许外来人员侵入；说5，要凑成5人组合。

（4）每次都请被挤出局的人站在一边。

（5）玩过几次之后，请两个始终被抱在团队中的人上场。

（6）主持人请出局和未出局的人谈一下感想，根据他们说的，总结游戏后的感悟。

2. 分析

通过体验，让员工感受到团队的力量，大家协调一致，才能在最短的时间里更好地达成目标。

二、盲人走路

1. 游戏方法

两人一组（如A和B），A先闭上眼将手交给B，B可以虚构任何地形或路线，口述注意事项指引A前行，如向前走、迈台阶、跨东西、向左或右拐。然后交换角色，B闭眼，A指引B。

2. 分析

（1）通过体验，让员工体会信任与被信任的感觉。

（2）作为被牵引的一方，应信赖对方，大胆遵照对方的指引行事；而作为牵引者，应对伙伴的安全负起全部责任，一举一动的指令均应保证正确、清楚。

三、串名字

1. 游戏方法

小组成员围成一圈，任意提名一位员工自我介绍，然后第二名员工再介绍，但是要说“我是××后面的××”，第三名员工说“我是××后面的××的后面的××”……最后介绍的一名员工要将前面所有员工的名字复述一遍。

2. 分析

活跃气氛，打破僵局，加速员工之间的了解。

四、勇于承担责任

1. 游戏方法

员工相隔一臂站成几排（视人数而定），主持人喊“一”时，向右转；喊“二”时，向左转；喊“三”时，向后转；喊“四”时，向前跨一步；喊“五”时，不动。

当有人做错时，做错的人要走出队列，站到大家面前先鞠一躬，然后举起右手高声说：“对不起，我错了！”

做几个回合后，主持人提问：这个游戏说明什么问题？

2. 分析

面对错误，很少有人会承认自己犯了错误；少数情况是有人认为自己错了，但没有勇气承认，因为很难克服心理障碍；极少数情况有人站出来承认自己错了。

五、责任

1. 游戏方法

（1）每队4个人，两人相向站着，另外两人相向蹲着，一个站着和一个蹲着的人是一队。

（2）站着的两个人进行猜拳，猜拳胜者，则由同他一队的蹲着的人去刮另一个蹲着的人的鼻子。

（3）输方轮换位置，即站着的人蹲下，蹲着的人站起来，继续开始下一局。

2. 分析

通过该游戏，让员工明白团结的力量。当队友失败的时候你有没有抱怨？两个人有没有同心协力对付外面的压力？

2. 事前充分准备

店长要考虑到早会过程所涉及的各种因素，诸如场地、器材、音乐、须配合的人员等，尽量准备充分，可以制作一份如表4-1所示的“早会计划书”。

表4-1 早会计划书

第一部分：早会开场（相互检查仪表；问好；唱歌；简短的小游戏或者其他有助于提高情绪的方法等）
第二部分：认可（对新人表示欢迎；对置业顾问的第一次业务方面的收获表示肯定；对团队中出现的互助行为表示肯定；对置业顾问工作之外的成就比如获得毕业证或者家庭遇到的喜事给予祝贺；庆祝生日等）
第三部分：信息（最新的金融或者财政政策解读；公司的最新政策；所辖商圈新房开盘情况；知识点考核；开单分享等）
第四部分：营销（重申社区安排的要求；聚焦房源说明以及营销方案）
第五部分：早会收尾（一起喊口号；检验置业顾问对会议重要内容的记忆和理解情况）

3. 结尾精彩生动

早会的总结部分，观点应明确有力，尽量使用通俗流畅的语言引起全体成员的共鸣，将早会气氛推向高潮。

4. 营造融洽气氛

早会的融洽气氛一方面源于公司内的人际关系，另一方面要靠店长或主持人现场营造。店长每天应提前到店，问候每一位员工；主持人应根据早会内容和置业顾问的反应活跃气氛，掌握会议的节奏。

5. 提供主持机会

店长应给每一个成员主持早会的机会，激发员工的参与感，让全体员工通过早会上的展示得到锻炼，同时增加自信心。

6. 早会流程及运作要领

店长要编制规范的早会流程及运作要领，让员工更加熟悉早会。

下面提供一份房地产中介门店早会流程及运作要领的范本，供大家参考。

【范本】房地产中介门店早会流程

××房地产中介门店早会流程

一、纲要

1. 时间：9：00（星期一至星期五），8：50（星期六、星期日）。
2. 地点：××二期5栋12号。
3. 参与人员：门店全员。
4. 方式：轮流执岗。
5. 目的：快乐、团结、学习、激情、感恩。
6. 每天早上第一位到店的员工，首先要打开电脑，播放激情的音乐。

二、集合整队后的具体操作

1. 低声播放音乐《相亲相爱一家人》或《真心英雄》。

值班人：立正！稍息！

2. 值班人：各位××地产的精英们早上好！

回应：好！很好！非常好！耶！（V字形手势）。

3. 值班人：我们先跳一支舞活跃一下气氛吧！（音乐：《我相信》，值班同事轮流领舞）。

4. 值班人：OK！我们先不要坐下。立正，稍息！我们来宣读下《××人的健康心态》。

值班人起头（配音乐《我很好》）。

5. 自我激励——全员——配背景音乐《怒放的生命》。

（1）我真的很不错+鼓掌2次；我真的很不错，我真的、真的很不错+鼓掌3次！

（2）你真的很不错+击掌2次；你真的很不错，你真的、真的很不错+击掌3次！

6. 成员宣言——全员——配背景音乐《相信自己》。

值班人领宣：

我是××地产“美”的使者，我庆幸选对了行业、选择了这家公司！因为它给了我新的起点，给我带来了辉煌的人生。在这里，我不仅学到了公司的企业文化和专业知识，也懂得了做人的道理。

我会用我的激情、实干、高效、宽容赢得客户的满意，成为客户真诚的朋友。每天我都充满自信、快乐，带着十分的热情投入工作，用感恩的心看待世界。面对明天，我有明确的目标：以终为始，以共同愿景为使命，帮助每一位有缘人打造和谐、温馨、健康的居家环境！我要树立主人翁意识：立足××，志存高远，缔造辉煌！

7. 成员业务分享和非业务分享（值班人带头）。

8. 值班人：接下来我们来玩个小游戏互动一下（最后输家表演节目）。

9. 值班人：最后我宣布早会到此结束。非常感谢大家的配合与互动！

第二节　做好日常巡视工作

小A：老Q，经过你的讲解，我发现组织召开早会也不是什么难事了。

老Q：是啊，只要你事先准备、精心组织，并讲究一定的方法，召开成功的早会是轻而易举的。

小A：知道了，以后我会多多用心的。

老Q：对于店长来说，每天除了要召开早会，还要做好日常巡视工作。

小A：那都要做哪些巡视工作呢？

老Q：现在我们一起来看看。

一、门店卫生检查

良好的办公卫生环境有助于员工的身心舒畅，提高工作效率，也能向到访客户充分展示门店员工良好的行为规范和精神风貌。因此，店长应在每日早晨检查门店清洁情况，若不符合要求，应督促值班人员立即重新清洁。

一般来说，店长可按表4-2所示的标准来检查门店的卫生。

表4-2　门店卫生检查标准

检查项目	具体标准	达标	备注
店面整洁标准	1. 店面整洁、美观		
	2. 灯箱没有破损，无掉色		
	3. 店面的玻璃晶莹透亮，没有印迹、尘土		
	4. 店面门前的地砖干净、无积尘		
	5. 店面墙壁无污渍、无刻画，若有，及时采取相关措施清理干净		
	6. 门前自行车不可挡住店门，要摆放整齐有序		
	7. 店前方圆5米内保持清洁，根据情况随时清扫		
	8. 店前方圆5米内禁止吸烟、聊天		
	9. 门前空调外机铁罩上不可放置物品，保持外机清洁		
	10. 门前积雪和积水及时清理		
店内整洁标准	1. 店内地面保持清洁无印迹，阴雨天随时清洁，保持无水渍		
	2. 店内厕所、洗手间保持无异味、无积水、无杂物堆放		
	3. 店内墙角无蜘蛛网、无杂物堆放，内间物品摆放整齐有序		
	4. 文件柜上方无物品堆积、无杂物堆放		
	5. 店内花盆无地面印渍、不漏水		
	6. 店内桌椅摆放整齐，桌面无污渍、尘土		
	7. 接待台物品摆放整齐，个人私人物品严禁摆放其上		
	8. 店内电脑、键盘、复印机等固定资产保持清洁、无灰尘		
	9. 空调定期清洁，无粘贴痕迹，并保证良好的工作状态		
	10. 店内包括店内套间禁止员工吸烟		
	11. 禁止往店内带有异味的食品、物品等		
	12. 店内卫生不允许有死角，包括店内套间卫生		
	13. 背景墙保证不脱色		
	14. 非休息时间禁止吃东西、嚼口香糖等		
	15. 员工物品如衣服、帽子、鞋子等禁止摆放在客户看得见的地方		

二、员工仪容仪表检查

店长应要求员工在每天上班之前最好在镜子前仔细照一照，看看自己的形象是否“过关”。员工的形象不仅代表个人，还代表了整个门店。因此，员工必须做好每日的形象自检工作。店长可以根据形象检查表来检查员工的形象是否符合要求。

下面，提供一份某房地产中介门店员工形象检查表的范本，供大家参考。

【范本】房地产中介门店员工形象检查表

××房地产中介门店员工形象检查表

序号	检查内容	达标	备注
1	头发：不留奇异发型，男性员工头发不得过长，不剃光头；女性员工长发盘起，短发必须整齐，显得大方、干练，前发不要遮眼遮脸。员工头发应时常保持干净整洁，有自然光泽，不要使用太多发胶，确保无汗味、无头皮屑		
2	指甲：指甲不得过长，须经常修剪，保持干净，适当擦护手霜，保持手的湿润与柔软；女性员工若要涂指甲油则必须是无色		
3	胡子：每天修剪，不得留胡须，保持脸部清洁		
4	口腔：上班前及上班期间不能喝酒，不能有烟味、异味、口臭，不能吃有异味的食品，保持口气清新		
5	妆容：每天保持面部清洁，不得使脸上皮肤干涩或油亮。女性员工上班化淡妆，不得浓妆艳抹，不宜用香味浓烈的香水和化妆品		
6	仪表：工作场所应着装干净、简洁，不得有过多修饰，工作时间佩戴公司胸针和胸牌，不得与私人饰品并列佩戴		
男员工着装			
7	春秋装制服，白色衬衫，着制式领带，配深色西裤，穿正装皮鞋		
8	夏装白色衬衫，着制式领带，配深色西裤，穿正装皮鞋		
9	工装口袋里不得放过多的东西，以免鼓起，破坏整体形象		
10	保持鞋面的光亮和鞋边的干净，如有破损应及时修补，不得穿带铁掌的鞋		
女员工着装			
11	春秋装制服，白色衬衫，深色西裤，穿正装皮鞋		
12	夏装白色衬衫（短袖），深色裙装或西裤，穿正装皮鞋		
13	穿裙装须穿长筒裤丝袜，色泽为肉色		
14	可佩戴精致的小饰品，如点状耳环、细项链等，不得戴过于夸张和耀眼、怪异的首饰，不得佩戴三件以上的首饰		

三、检查员工的有效行程

店长要统计员工每日有效行程数量，并在第二天早会考核员工昨日行程，会后将有效行程过程和结果记录在“员工工作表”中并备案。

老Q点拨

店长每日都要监督检查员工有效行程完成情况及完成质量，及时跟踪回访。未完成的，店长要帮其寻找原因。

那么，到底怎样才算是有效行程呢？如何对员工的有效行程进行考核？这就需要店长制定相应的考核标准，如置业顾问每日至少完成3组有效行程，每日不少于1次带看。

下面，提供一份房地产中介门店置业顾问有效行程标准的范本，供大家参考。

【范本】房地产中介门店置业顾问有效行程标准

××房地产中介门店置业顾问有效行程标准

序号	行程项目	检查标准	具体说明	检查结果
1	有效房源录入	0.5组	录入1条有效房源信息算0.5组有效行程。每日录入2条和2条以上的均按1组封顶计算	
2	有效客户录入	0.5组	录入1条有效客户信息算0.5组有效行程。每日录入2条和2条以上的均按1组封顶计算	
3	拿钥匙	3组	收取1套房屋钥匙算1组有效行程。每月收取5套和5套以上的均按5组封顶计算	
4	斡旋	1组	成功斡旋1次算1组有效行程。每一单斡旋2次和超过2次的均按2组封顶计算	
5	收定金	2组	收取1笔定金算1组有效行程	
6	送定金	2组	送达1笔定金算1组有效行程	
7	签约	2组	带看1次算1组有效行程	
8	带看	2组	签署1套租赁合同算2组有效行程	
9	社区推广	0.5组	完成2小时社区推广算0.5组有效行程	
10	客户跟访	1组	完成20条客户跟访算0.5组有效行程	
11	网站发帖	1组	发布20条租售帖算1组有效行程	
12	售后服务	1组	完成1次售后服务算1组有效行程	

第三节　执行门店7S管理

老Q：小A，其实日常的巡视工作并不止于上面介绍的这三项，作为店长，你应该多观察，及时发现问题并解决问题，这才是日常巡视的意义所在。

小A：我明白了。

老Q：那好，接下来我们看看如何对门店执行7S管理。

小A：我以前只听说过5S管理，7S管理还是头一次听说呢。

老Q：那你得好好了解了。

小A：那就麻烦您给我仔细讲讲吧。

一、7S管理的含义

“7S”是在“5S”的基础上完善而来的，在“5S”的基础上加上了安全和节约，具体是指整理（Seiri）、整顿（Seiton）、清扫（Seiso）、清洁（Seiketsu）、素养（Shitsuke）、安全（safety）和节约（save）这7个词的缩写，开展以整理、整顿、清扫、清洁、素养、安全和节约为内容的活动，称为“7S”活动。

7S的具体含义如图4-2所示。

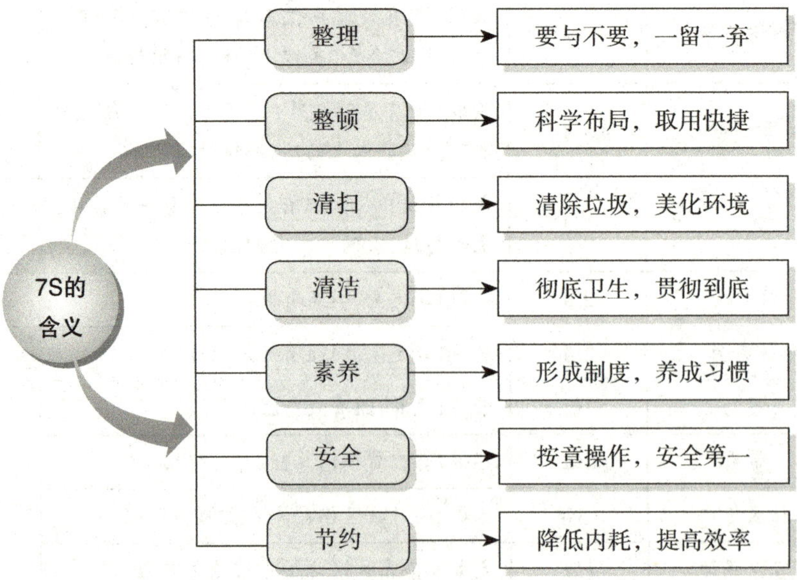

图4-2　7S的含义

二、物料分类

房地产中介门店常见的物料主要有房源纸、海报、公司宣传单页、小毛巾、牙膏、风油精、票据本、笔等。店长可将门店物料分为三类，具体如图4-3所示。

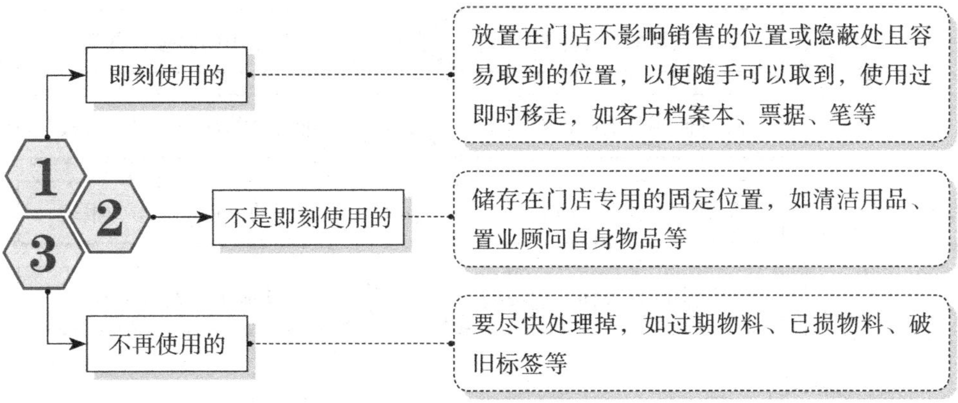

图4-3　门店物料分类

三、分区摆放

店长可将门店物料按位置进行分区摆放，具体如表4-3所示。

表4-3　门店物料分区摆放

序号	位置类别	具体说明
1	户外	门头喷绘、灯箱片、条幅、墙体喷绘、橱窗展示等，检查是否破损、脏污
2	店内	地板、海报、DM宣传单，检查是否破损、是否干净
3	展区	（1）玻璃桌或桌面整洁干净，每天保持2次擦洗，确保始终处于无灰尘状态 （2）房源本及时更新并保持整洁、平整、无污损 （3）确保地面清洁干净，无脏物、无杂物 （4）确保垃圾桶物品不超过3/4 （5）确保门店玻璃门窗清洁，每周及时整理、更新房源展示，避免破损

四、分类整理

店长可将门店物料按照“要”与“不要”进行分类，具体如图4-4所示。

要

- 正常的设备、机器或电气装置
- 正常使用中的工具
- 正常的工作桌椅
- 尚有使用价值的消耗用品
- 垫板、塑胶框、防尘用品
- 使用中的垃圾桶、垃圾袋
- 办公用品、文具
- 使用中的清洁用品
- 美化用的海报、看板
- 推行中的活动海报、看板
- 有用的书稿、杂志、报表
- 其他（私人用品）

不要

（1）地板上的：废纸、灰尘、杂物、烟蒂；不再使用的物品；不再使用的办公用品、垃圾桶、破垫板、纸箱、抹布、破篮筐

（2）桌子或橱柜上的：破旧的书籍、报纸；破椅垫；老旧无用的报表、账本

（3）墙壁上的：蜘蛛网；过期海报、看报；无用的提案箱、卡片箱、挂架；过时的月历、标语；损坏的时钟

（4）吊着的：办公桌上过期的工作手册；不再使用的配线配管；不再使用的老吊扇、手工夹具；更改前的部门牌

图4-4　门店物料按“要”与“不要”分类整理

下面提供一份房地产中介门店7S检查表的范本，供大家参考。

【范本】房地产中介门店7S检查表

××地产中介门店7S检查表

序号	检查标准	检查结果
1	是否将不要的东西丢弃（抽屉、橱柜、架子、书籍、文件、档案、图表、文具用品、墙上标语、海报、看板），私有品是否整齐地放置于一处	
2	地面、桌子是否会显得零乱	
3	垃圾桶是否装得太满（超过3/4），下班时是否将垃圾清理干净	
4	桌面、电脑设备、空调是否沾上污浊及灰尘	
5	桌子、文件架摆放是否整齐	

（续表）

序号	检查标准	检查结果
6	下班时桌面是否清洁整齐	
7	有无归档分类，实施定位化（颜色、标记）摆放	
8	需要的文件、资料是否容易取出，归位文件柜是否明确管理责任者	
9	办公场地墙角有无蜘蛛网	
10	公告栏有无过期的公告物品	
11	饮水机是否干净	
12	管路配线是否杂乱，电话线、电源线是否固定得当	
13	报架上报纸是否整齐排放	
14	是否遵照规定着装：男女着纯白衬衣，无花纹、图案；系蓝色为主的深色领带；不着牛仔裤、短裤及其他非职业装；佩戴工号牌、微笑牌；女士裤装长度不得低于七分裤；不准穿拖鞋进入门店	
15	下班后设备电源是否关好，做到人离电关	
16	盆景摆放是否合理，有没有枯死或干黄，花盆内有无槟榔渣、烟蒂	
17	是否有人员动向并在“登记”栏做好完整外出记录	
18	茶杯、私人用品及衣物等是否固定位置摆放	

第四节　安排落实一日工作

小A：没想到日常管理工作这么细、这么多，看来店长一天的工作够忙的。

老Q：是啊，不过只要你掌握了要领，工作起来也会得心应手的。比如，我就有一套自己的方法，我会提前做好每天的工作计划，工作结束后会填写当天的工作日志，以便检查当天有没有完成计划，同时也做好第二天的工作安排。

小A：这个办法好啊，那您就教教我吧。

老Q：那咱们一起来看看。

小A：好。

一、制订当日工作计划

房地产中介门店店长在制订当日工作计划前，首先要对当日的时间和工作事项进行仔细分析，然后根据工作事项的紧急性、重要性按先后顺序排列，重要和紧急的最先做，不重要和不紧急的放在最后做，以保证所有事项都能恰当而圆满地完成。

1. 时间清单分析

店长可以将一天的工作时间按照半小时进行分段，然后逐项将活动事项填入时间清单分析表中，具体如表4-5所示。在活动事项后面，准确填入该活动事项相应的计划用时、实际用时、超时以及超时原因。

表4-5　时间清单分析表

姓名：　　　　　　　　　　　　　　　　　　　　　　　　日期：

序号	时间	活动事项	计划用时	实际用时	超时	超时原因
1	8：30—9：00					
2	9：00—9：30					
3	9：30—10：00					
4	10：00—10：30					
5	10：30—11：00					
6	11：00—11：30					
7	11：30—12：00					
8	12：00—12：30					
9	12：30—13：00					
10	13：00—13：30					
11	13：30—14：00					
12	14：00—14：30					
13	14：30—15：00					
14	15：00—15：30					
15	15：30—16：00					
16	16：00—16：30					
17	16：30—17：00					
18	17：00—17：30					
19	17：30—18：00					
总计						

注：房地产中介门店是两班制，以上表格为白班的标准工作时间。

2. 工作清单分析

房地产中介门店店长要分析一个法定工作日内所做的工作事项各自用时如何，如果超时原因是什么，这时就需要用到工作清单分析表，具体如表4-6所示。

表4-6 工作清单分析表

姓名： 日期：

工作事项	计划时间	实际时间	浪费/延误	无计划用时	原因

（1）店长可将所有工作填入“工作事项”栏，包括所有累计用时超过10分钟的工作，如果没有超过10分钟可以不填入。如果某些事项累计时间超过1小时，就要引起重视，应该在分析表中特别注明。

（2）店长要填入具体事项，如“检查门店卫生情况”“听取店长助理的工作汇报”“处理客户投诉”等。

（3）店长只要简单说明浪费、延误的原因即可。如与离职员工面谈，预计30分钟，但由于没有把握好本次商谈用时，结果花了40分钟，超时10分钟。

3. 工作（活动）分项分析

（1）店长可以将工作清单中的同类事项进行合并，然后填入工作（活动）分项分析表中，具体如表4-7所示。

表4-7 工作（活动）分项分析表

姓名： 日期：

分析事项	计划用时		实际用时		浪费/延误		无计划用时		原因
	用时	排序	用时	排序	用时	排序	用时	排序	
召开门店早会									
门店现场巡视									
查看去年同期交易情况									
处理各类紧急事件									

（续表）

分析事项	计划用时		实际用时		浪费/延误		无计划用时		原因
	用时	排序	用时	排序	用时	排序	用时	排序	
签署各类需店长批准的文件									
开展员工协调工作									
陪同员工带客看房									
召开门店夕会									
……									
总计									

（2）“无计划用时”只计算无计划用时总计数。

（3）凡是超计划用时或者是记不起来的用时均计入“浪费/延误”栏中。

4. 工作紧急性分析

店长分析每天各项工作的紧急程度，根据程度的不同安排工作的先后顺序。可以将工作事项按紧急程度分为四类，列出一张分析表，如表4-8所示。

表4-8　工作紧急性分析表

姓名：　　　　　　　　　　　　　　　　　　　　　　　　日期：

工作事项	非常紧急（马上要做）	紧急（短时间内要做）	不太紧急（可从长计议）	不紧急（无时间要求）
电脑出现问题，导致无法正常使用	√			
客户投诉房源信息不真实		√		
编制房地产中介门店下月排班表		√		
向总部申请招聘新员工			√	
……				

注：在相应的栏目下打“√”。

5. 工作重要性分析

店长将当日工作事项根据重要程度分为四类，即非常重要、重要、不太重要、不重要，具体如表4-9所示。

表4-9 工作重要性分析表

姓名：　　　　　　　　　　　　　　　　　　　　日期：

工作事项	非常重要（绝对要做）	重要（应该做）	不太重要（可做可不做）	不重要（可不做）
与总部商讨人员招聘情况		√		
处理客户投诉问题		√		
对新入职员工进行培训	√			
编制门店客户服务规范			√	
……				

注：在相应的栏目下打“√”。

6. 编制每日计划表

店长根据前面对工作时间和工作事项的分析，可以编制一份个人每日工作计划表。每日计划表可以按照不同标准来制作，如按照时间或工作事项的紧急重要性等。

二、填写每日工作日志

工作日志是工作的记录，是落实目标管理、活动量管理和时间管理的有效工具。填写工作日志是自我工作管理的一种方法。养成每天写工作日志的习惯，可以确保每天的工作不会出现遗漏，有助于日后回忆和检视，在日积月累、潜移默化中提高自身的事务管理和时间管理能力，也为日后出现争议提供佐证。

作为门店店长，需要负责本店工作日志的填写。下面，提供一份房地产中介门店工作日志的范本，供大家参考。

【范本】房地产中介门店工作日志

××房地产中介门店工作日志

	工作内容	结果
日常工作	考勤、着装、卫生	
	房源整理（打印、撤换）	
	每日看房量	
	网上房源维护	
	代卖客户回访	

<table>
<tr><td rowspan="4">日常工作</td><td colspan="2">工作内容</td><td colspan="4">结果</td></tr>
<tr><td colspan="2">需求客户回访</td><td colspan="4"></td></tr>
<tr><td colspan="2">成交客户回访</td><td colspan="4"></td></tr>
<tr><td colspan="2">社区活动</td><td colspan="4"></td></tr>
<tr><td rowspan="10">日常业务</td><td rowspan="7">入口</td><td>评估量</td><td colspan="4"></td></tr>
<tr><td>备案量</td><td colspan="4"></td></tr>
<tr><td>收购看房量/极速看房量</td><td colspan="4"></td></tr>
<tr><td>新进房源量</td><td colspan="4"></td></tr>
<tr><td>调入量</td><td colspan="4"></td></tr>
<tr><td>新签租赁协议量</td><td colspan="4"></td></tr>
<tr><td>新签租赁登记量</td><td colspan="4"></td></tr>
<tr><td rowspan="3">出口</td><td>需求量</td><td colspan="4"></td></tr>
<tr><td>推荐看房量</td><td colspan="4"></td></tr>
<tr><td>签买卖三方套数</td><td colspan="4"></td></tr>
<tr><td rowspan="3">日常业务</td><td rowspan="3">出口</td><td>签调出套数</td><td colspan="4"></td></tr>
<tr><td>签高租三方套数</td><td colspan="4"></td></tr>
<tr><td>签低租三方套数</td><td colspan="4"></td></tr>
<tr><td colspan="2">备注</td><td colspan="5"></td></tr>
<tr><td rowspan="4">售后工作</td><td rowspan="2">过户</td><td>攒件</td><td colspan="2">地址：</td><td colspan="2">店长签字：</td></tr>
<tr><td>款齐交接件</td><td colspan="2">地址：</td><td colspan="2">权证签字：</td></tr>
<tr><td rowspan="2">贷款</td><td>攒件</td><td colspan="2">地址：</td><td colspan="2">店长签字：</td></tr>
<tr><td>首付款齐评估、贷款、过户交接件</td><td colspan="2">地址：</td><td colspan="2">权证签字：</td></tr>
<tr><td rowspan="3">财务工作</td><td colspan="2">应收未收款</td><td colspan="2">地址：</td><td colspan="2">原因：</td></tr>
<tr><td colspan="2">其他款申请（提前还贷、提前退款、赔偿金）</td><td>地址：</td><td>用途：</td><td>金额：</td><td>店长签字：
经理签字：
财务签字：</td></tr>
<tr><td colspan="2">退款申请</td><td colspan="4"></td></tr>
<tr><td rowspan="2">其他工作</td><td colspan="2">发布经营状况留言</td><td colspan="4"></td></tr>
<tr><td colspan="2">店内培训（半小时）</td><td colspan="4">内容：　培训者：　参加人：</td></tr>
<tr><td rowspan="2"></td><td colspan="2">店内例会/主持人</td><td colspan="4">内容：</td></tr>
<tr><td colspan="2">闭店</td><td colspan="4"></td></tr>
</table>

第五章

如何做好房源管理

5

第一节 房源开发

小A：老Q，您这一天的工作量确实不小，还好您有一套行之有效的办法。

老Q：是的，作为店长，咱们得为整个门店负责，不但要做好店内的日常管理工作，让门店正常运转，更重要的是要抓好业绩。

小A：这我知道，业绩才是公司生存的根本。

老Q：不错，房源和客源是一个房地产中介公司长久生存发展的关键，两者缺一不可。房源是公司的经济命脉，有了充足的优质房源，才能吸引更多的意向客户，最后才有可能达成交易。

小A：那这房源如何开发呢？

老Q：下面我们就来一起看看吧。

一、开发房源的方法

一般来说，置业顾问在开发房源时可以参考表5-1所示的几种方法。

表5-1 开发房源的方法

序号	方法	具体说明
1	门店驻守	一般情况下，店里面会留两个人值班，坐等客户上门，有的客户是来找房子的，有的客户是上门登记房源的
2	社区摆盘	可在小区门口或者人流量集中的地方摆上人字板，上面写有我们挑选出的优质房源，也有客户主动上前咨询的，也有来登记房源的
3	扫网	借助专业软件来采集在58同城、赶集网、搜房网等网站上发布的房源信息
4	洗业主名单	按照门店内收集到的小区业主名单，挨个打电话询问。洗名单是一项必须做的工作，只要掌握了一些技巧，通过打电话找房源也是相当有用的
5	通过客户介绍	成交了的客户不要不管了，逢年过节问候一下老客户，说不定他们就为你介绍新客户了
6	人际关系开发	主动向亲朋好友传达一些关于本人及公司的信息，建立自己的专业形象。比如在微信上建立自己的个人店铺，不时更新店铺信息并分享到朋友圈
7	广告开发	每天关注各种报纸、网络媒体中出现的本商圈房源信息，并与客户进行沟通

二、说服业主签独家代理

很多业主都拒绝签署“独家委托”，原因可能是不太了解其中道理或认为这样做会减少售出的机会。

1. 签订“独家委托”对公司及员工的好处

签独家代理在一定程度上可以稳住业主，还能防止业主反价，对业主有一定的约束力。

（1）独家委托是业主对公司有信心的表现，说明业主认同本公司员工的能力和专业水平。置业顾问能让越多的业主签“独家委托”，公司的盘源实力便越强。

（2）此消彼长的情况下，自然会导致其他地产公司盘源缺乏，公司的成交机会便会增加，业绩自然得到提升。

2. 让业主理解独家委托代理的好处

置业顾问要向业主说明独家委托给本公司的好处，比如以下几点。

（1）本公司拥有庞大的分行网络，独家代理的楼盘会挂贴在店铺橱窗，所有分店都会协助业主进行推广。

（2）公司会免费为业主在报纸杂志上刊登广告，同时通过报纸展示公司实力。

（3）如业主放盘的单位是空房的话，公司会为其办楼盘推广日（开放日）的推广，动用片区各分店各同事力量作宣传。

（4）正常情况下，独家委托盘相比其他楼盘更容易售/租出。

（5）售价往往比较理想，因为其他地产公司没有这个楼盘，不能压低此盘之售价，所以可以为业主售出理想价钱。

（6）放盘单位经本公司成功售出后，公司不会因为付出较多宣传广告费而要求业主多给佣金。

（7）签独家的盘源，公司会专人跟进，这样业主就不会被无穷无尽的电话所骚扰，不会总是接到谈价的电话。签独家后，公司会主推此套房源，在最短的时间内帮业主卖个合适的价钱。

下面提供一份某房地产中介门店的“房屋出售独家代理委托书”范本，供大家参考。

【范本】房屋出售独家代理委托书

房屋出售独家代理委托书

委托人（甲方）：________________ 代理人：______________

受托人（乙方）：________________

甲乙双方经友好协商，根据中华人民共和国有关法律法规，在合法、平等、自愿、相互信任的基础上，就甲方委托乙方代理出售其房产相关事宜签订以下协议，并承诺共同遵守。

一、委托代理方式

独家代理。

二、委托出售房产情况

物业名称：______________________________；

物业产权人：____________________________；

物业地址：______________________________；

房屋产权权证或其他物业权证名称：_____________（编号：__________）；

物业建筑面积：___________　　物业用途：_____________；

物业权属：□可售公产房　　□个人产权房

□共有产权房　　□新建商品房

□经济适用房　　□其他

三、委托出售价格

委托售价为（人民币大写）：____仟____佰____拾____万____仟____佰____拾____元整。（小写：￥_______元）

四、委托期限

本协议委托期限为自_____年____月____日至该宗房地产交易流程完成止，此期间乙方为甲方的独家代理服务提供者。

五、甲方责任

1. 声明：甲方保证上述房地产权属清晰，无争议；未被判决、裁定限制出售，也未设置抵押，不在建设拆迁范围内；已取得其他共有人书面同意；若发生与甲方有关的产权纠纷或债权债务，概由甲方负责清理，并承担民事责任，因此给乙方造成的经济损失，甲方负责赔偿；应提供真实的产权证明等相关手续的复印件；若因虚假文件而引起法律纠纷，甲方应承担一切赔偿责任。

2. 在办理过户手续时，按国家政策规定甲方需缴纳的相关费用由甲方承担。若甲方在委托乙方出售此房前权属证书未能办理妥当，则申领权属证书的费用由甲方承担（权属证书包括产权证、土地证、公房租赁证等）。

3. 甲方在客户每次看房完毕后，应在“客户看房确认书”上签字认可该看房行为。

4. 甲方应按期支付代理费，每延期一天按应付款的××‰向乙方支付逾期付款违约金。

5. 甲方代理人签订协议时，应向乙方提交授权范围和权限明确的并且有双方签名的“授权委托书”，否则签署人承担本协议规定的全部责任。

六、乙方责任

1. 乙方按甲方委托事项要求代理房产出售，充分利用自身所拥有的资源和推广途径，积极寻找合适的买方，并及时将该房屋的销售情况告知甲方。

2. 乙方为甲方进行房屋价格评估（初估），并应及时向甲方通报有关委托事项的进展情况，接受甲方咨询，解答相关问题。

3. 乙方有义务为甲方提供房地产交易相关政策及法律咨询。

4. 积极促成双方达成交易，以便甲方房产及时出售。

5. 协助交易双方签订与房产交易相关的“房屋买卖合同”等法律文件。

6. 如因甲方提供资料不真实而导致交易不能完成，乙方不承担任何责任。

7. 在实际销售过程中，乙方自行承担各类广告发布费用。

七、代理服务费收取

1. 乙方承诺：除非甲方同意，在甲方房产成功出售（即签订“房屋买卖合同”）之前，不收取甲方任何服务费用。

2. 如无其他约定，甲方在同乙方推介的购房者签订正式房屋买卖合同时，按国家及行业相关规定向乙方全额支付代理服务费。费用如下：

代理服务费＝实际成交总房款（含装修及附属设施价款）×2%。

八、代理约定

1. 甲方在委托乙方代理期间，应积极配合并协助乙方开展正常的经纪活动。

2. 乙方应积极为甲方提供全程代理服务，不得擅自单方终止本代理协议。

3. 委托期限内，当售出价格等于或大于委托价时，乙方有权代收买方的定金。甲方在得到乙方通知5天内必须签订“房屋买卖居间合同”，否则视为违约。

4. 本协议终止前及终止后6个月内，甲方本人及其房产共有人均不可自行与乙方介绍之买方及其任何形式的亲友或其他形式与该买方相关联的人员交易，否则视为甲方违约，甲方应在乙方所要求的时间内，按本协议的委托售价的××%向乙方支付违约金。

5. 如乙方发现甲方提供的资料不真实，或房产不具备出售条件，或甲方拒绝与乙方推介的满足甲方委托条件的客户成交，乙方有权终止代理协议并有权要求甲方按本协议售价总额的4%向乙方支付违约金。

6. 在委托期间内，甲方如果同时委托第三方代为出售，或自行出售给非乙方推介的客户，或单方擅自解约，则均视为甲方违约，并应按本协议委托售价总额的××%向乙方支付违约金。

7. 为追偿本协议约定损失而发生的仲裁、公正、律师等相关费用均应由违约方承担。

九、免责条款

在代理期限内，如因洪水、地震、火灾和政府政策等不可抗力因素造成合同不能履行，双方均不承担违约责任，本合同自动终止。

十、争议处理

本合同在履行中如发生争议，双方应协商解决。协商不能解决的，双方同意提交仲裁委员会仲裁。

十一、协议的效力

本协议一式两份，甲方一份，乙方一份，自双方签字之日起生效。

十二、补充条款

____

____

____

甲方（或代理人）：＿＿＿＿＿＿	乙方（公司名）：＿＿＿＿＿＿
身份证号码：＿＿＿＿＿＿	地址：＿＿＿＿＿＿
现住址：＿＿＿＿＿＿	经办人：＿＿＿＿＿＿
联系电话：＿＿＿＿＿＿	联系电话：＿＿＿＿＿＿
签约日期：＿＿＿＿＿＿	签约日期：＿＿＿＿＿＿

三、说服业主留下钥匙

个别业主在放盘的同时会主动留下钥匙，但并不是每个业主都放心留钥匙在地产公司。如果放盘单位是空房的话，置业顾问应尽量要求业主留下钥匙，方便带客看房。如果业主拒绝，置业顾问可以按以下几种方式向业主解释。

（1）通常有钥匙的楼盘会较快售/租出，因为看房方便。

（2）如果业主不是住在附近，则较难安排预约看房，白白失去很多售/租出的机会。

当我们取得业主钥匙后，应提醒业主不要留太多钥匙在其他地产公司，如果其他地产公司要借钥匙，都要经我公司安排。

比如，在看房之前公司会将哪间地产公司、哪个置业顾问、什么时间借出、什么时候归还等都一一记下，这样不仅对委托单位有保障，也容易管理钥匙。

四、应对同行借钥匙

如果同行来公司借钥匙，不管借还是不借，置业顾问都要以良好的态度来对待，并且与业主核实。

同行借钥匙时的处理方法一般有两种，具体如表5-2所示。

表5-2　同行借钥匙的处理方法

处理方法	要求	具体操作要领
不借	不借的话，一定要有一个好的理由来回绝他，如钥匙被其他同事拿去看房了，或经理不在钥匙不能私自外借，或管理钥匙的人不在等，并致以歉意	可以把同行请到店里，像客户一样对待，给他倒水，然后打电话给业主，问业主是不是有别的地产公司人员跟他联系过借钥匙的事，待其确认后再根据实际情况回绝该同行
借	若借的话，一定要查看借钥匙人的名片、身份证等证件核实对方身份，看房时一定要有两人以上陪同，保管好业主家的物品，关好水电和门窗	可以让暂时没事做的同事帮忙，陪对方去开门，但钥匙不能交到对方手中，以避免对方私自配钥匙

第二节　房源发布

老Q：上面讲的是房源开发的一些常用方法，作为店长，不一定要每天亲自去开发房源，但是你要指导、协助置业顾问去开发房源，因此，房源开发的方法与技巧就要掌握得非常熟练。

小A：我明白。

老Q：找到了房源还只是开始，你要把找到的房源发布出去，让有需求的客户看得到才行，这就是房源发布。

小A：那该如何发布房源呢？

老Q：现在网络发达，除了在店门口展示已有的房源，更重要的是要在网上发布。你应每天坚持在各个网站发放盘源信息，如口碑网、焦点网、搜房网、房地产网、赶集网、58同城等。

小A：哦，那具体要如何操作，您给我详细讲讲吧。

一、房源发布的要求

置业顾问在网站放盘时，可以通过总结客户买房租房的一些心理特点，投其所好来吸引客户。

比如，最近市场比较淡，投资者虽然按兵不动，但他们却一直在关注楼市。置业顾问就可以抓住其这一心理特点，在推介盘源时尽量突出经济、实惠、升值空间大的特点，再加上一些详细的盘源信息和图片，自然就能抓住客户的眼球。

一般来说，在网站上发布房源时应遵循图5-1所示的要求。

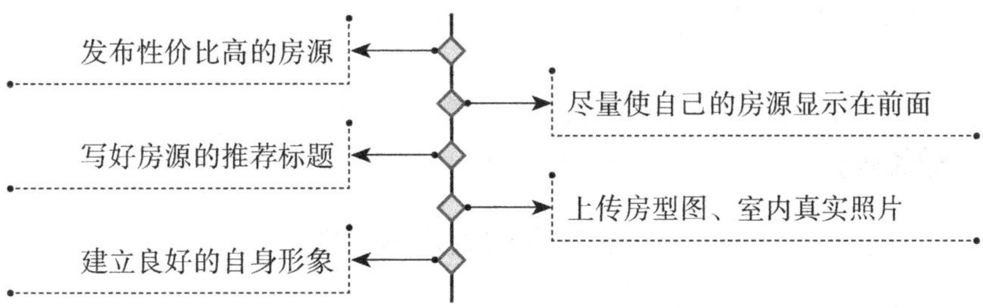

图5-1　在网站发布房源的要求

1. 发布性价比高的房源

所谓性价比高的房源就是人们日常所说的“物美价廉”的房源，即地段、房型、朝向、小区环境好一点，价格适中、便宜或是比较合理的房源。性价比越高的房源，对客户的吸引力就越大，其点击率就越高，卖出的概率也就越大。

2. 尽量使自己的房源显示在前面

发布优质多图的房源，充分合理地利用推荐次数和刷新次数，使自己的房源能排在同类型会员所发布房源的前边。

> **老Q点拨**
>
> 置业顾问每天上班一打开电脑，就要上传近几天的新盘，多多益善。这样，不管网页怎么刷新，客户都能在第一页看到你推的盘源。

3. 写好房源的推荐标题

因为标题是直接显示在房源显示列表里，所以吸引人的推荐标题往往是增加房源点击率的关键。要写好标题，首先需要全面深入地了解每套房子，然后挖掘出每套房子的特别之处，再把这些优点写在标题里，如24小时地热、带花园、价格便宜等。

4. 上传房型图、室内真实照片

客户上网找房子注重的就是网络的高效性，足不出户又能“房”比三家，这也正是网上店铺的魅力所在。上传相关的实景照片，不仅能让客户对该房源有更为直观的了解，而且也体现了你的专业素质和对待客户的诚意。

5. 建立良好的自身形象

一张面带笑容、身着正装、画面清晰的个人照片不仅是专业的体现，更能拉近与客户的距离，便于你接触到更多的客户。

> **相关链接**
>
> **安居客房源信息发布规则**
>
> 为配合新广告法的实施以及为用户提供最佳的找房体验，58安居客将对全网经纪人后台房源发布规则进行整理和规范，经纪人后台房源发布将启用新规则。房源图片及描述必须与该房源相关，不得发布任何无关内容。
>
> 一、禁止发布、传送、传播如下违反国家法律法规规定的内容，如有违反，将做房源下架处理，情节严重者，将永久封号。

（续）

1. 反对宪法所确定的基本原则的；

2. 危害国家安全、泄露国家秘密、颠覆国家政权、破坏国家统一的；

3. 损害国家荣誉和利益的；

4. 煽动民族仇恨、民族歧视，破坏民族团结的；

5. 破坏国家宗教政策，宣扬邪教和封建迷信的；

6. 散布谣言、扰乱社会秩序、破坏社会稳定的；

7. 散布淫秽、色情、赌博、暴力、凶杀、恐怖或者教唆犯罪的；

8. 侮辱或者诽谤他人、侵害他人合法权益的；

9. 含有法律、行政法规禁止的其他内容的。

二、禁止发布如下违反广告法规规定的内容，如有违反，将做房源下架处理。

1. 请勿发布带有“第一（NO.1、Top1）”“唯一”“首席”“楼王”“极品”“冠军”“绝版”“奢侈”“至尊”“顶级享受”“国家级”“世界级”“首个”“首选”“精确”“最”“绝对”“首家”等夸张极限类词汇内容。

2. 请勿发布含以下内容的房源信息：升值或者投资回报的承诺；以项目到达某一具体参照物的所需时间表示项目位置；违反国家有关价格管理的规定；对规划或者建设中的交通、商业、文化教育设施以及其他市政条件作误导宣传。

3. 请勿发布带有“中介费”“佣金”等相关词汇的内容。

三、图片发布规则。

1. 不得发布虚假的房源图片（与内部图片或本套房源不一致的房源图，装修情况不一致），否则将做房源下架处理。

2. 不得在图片上加盖任何水印（包括但不限于其他网站logo、网址、100%真房源、佣金等广告字样），否则将做房源下架处理。

3. 不得发布模糊、失真的房源图片（遮挡、拼接、马赛克、翻转等），否则将做房源下架处理。

4. 不得在房源描述中插入图片（包括网站logo、头像等），否则将做房源下架处理。

5. 上传的室内图大小限制在100K～10M，图片长或宽皆不得小于720px，否则将无法上传。

6. 不得上传gif格式或者其他格式的动态图，否则将做房源下架处理。

7. 不得盗用他人图片（未经同意擅自复制截取图片内容视为盗用），否则将做房源下架处理。

8. 不得在室内图类型中使用非房源图片。

9. 不得在小区图类型中使用非小区环境图片。

10. 不得在户型图类型中使用非户型图图片。

四、文字发布规则。

1. 不得发布虚假房源，包括但不限于做低房价或到手价、房源已售（已租）的房

（续）

源，否则将做房源下架处理。

2. 不得发布价格、面积、装修、类型情况等不实的房源信息，否则将做房源下架处理。

3. 不得在房源“标题”“描述”“标签”中发布违背广告法的内容，否则将做房源下架处理。

4. 不得发布与房源不符的“标题”“描述”，否则将做房源下架处理。

5. 不得发布房源“标题”“描述”含有经纪公司品牌的相关信息，否则将做房源下架处理。

6. 不得发布诱导用户点击的链接页面或分享信息，如“网站链接”“欢迎进入xx网”“打开xx网”“微博微信账号”“二维码”等，否则将做房源下架处理。

7. 不得发布任何形式的联系方式（包括但不限于电话、微信、QQ等），否则将做房源下架处理。

8. 请勿在房源标题中输入多小区信息，或其他房源信息，否则将做房源下架处理。

9. 请勿在房源标题中输入发布更新时间，否则将无法发布。

10. 请勿在房源标题或描述中输入编号类信息（包括但不限于房源编号等），否则将做房源下架处理。

11. 不得盗用他人文字信息（未经同意擅自复制截取文字内容视为盗用），否则将做房源下架处理。

12. 严禁通过使用繁体、异形字体、特殊符号等方式规避审核发布违规词，否则将做房源下架处理。

13. 不得发布问题房源，包括但不限于非家庭关系共同居住于同一间房内的房源，改变房屋原有结构人为分割出租的房源，以及人均居住面积低于5平方米或单间居住人数超过2人的房源，否则将做房源下架处理。

14. 不得发布重复房源，否则将做房源下架处理。

五、违规账号的处理：禁发和封号。

1. 同一账号如达到2次违反发布规则，将视为情节比较严重，做禁发3天处理。

2. 同一账号如达到3次及以上违反发布规则，将视为情节非常严重，做房源全部下架并禁发7天处理。

3. 同一账号如经过2次禁发后再犯，将做封号30天处理。

4. 所有的违规账号处理期间，套餐时间不做延长。

5. 封号处理期结束后，该账号所有房源信息必须严格按照法律法规及本规则的规定整改后方可重新发布。

六、视频发布规则。

1. 不得上传含有反动、黄色、严重暴力等内容的视频。

2. 不得上传含有危害社会、个人利益以及违反国家法律法规等内容的视频。

（续）

3. 不得上传含有诋毁或危害安居客、其他经纪公司及个人等内容的视频。

4. 不得上传花屏、无画面、画面质量太差、模糊不清、摇晃严重的视频。

5. 不得上传与房源无关的非房源视频。

6. 不得上传含有任何广告，包括但不限于经纪公司广告语、广告牌等内容的视频。

7. 不得上传超过10秒的自我介绍，且必须放于视频结尾处。

8. 除结尾介绍处外，其他画面不得出现经纪人。

9. 不得上传声频跟画面不符的视频。

10. 不得上传涉及版权问题以及盗用他人的视频。

11. 不得上传带有任何水印的视频，包括但不限于公司、个人、联系方式等。

12. 不得上传视频画面与房源信息不符的视频。

如果您上传了这些内容的视频，我们将一律不予通过，希望您能理解，感谢您的配合！

安居客有权根据法律法规的更新不时对本规则予以修正完善。

安居客

2016年3月15日

小A：这房源发布的要求还不少呢。

老Q：是的，而且住建部在2016年7月29日发布最新规定：中介机构发布的房源信息应当内容真实、全面、准确；中介从业人员应当实名在网站等渠道上发布房源信息。

小A：发布房源还要实名制啊？

老Q：是的，这也是国家为了加强对房地产中介机构的监管而制定的政策，你可要记住。

小A：好的，我已经记住了。对了，上面要求里说要写好房源的推荐标题，这个要怎么写才算是写好了呢？

老Q：置业顾问发布房源信息时，房源标题非常重要，一个好的标题，要突出房子的主要特点，从而吸引客户，增加点击量和来电来访量。完整的房源标题应包括房源所处商圈、楼盘名称、户型、卖点（信息点）。其具体写法咱们来一起看看。

小A：好。

二、推荐标题的写法

置业顾问应全面深入了解每套房子，挖掘出每套房子的特别之处。每套房子都有其不可替代的优点，在标题里强调这些优点，才能吸引客户。具体写法如表5-3所示。

表5-3　推荐标题的写法

写法	要求	举例说明
煽情写法	针对不同客户的特点及其心理，快速吸引客户	（1）有故事的房子，花心思的家 （2）享受，不要忍受 （3）值得托付一生的家园 （4）遇见好房一声吼，该出手时就出手 （5）此房只应天上有，人间难得几回寻 （6）好房要淘，好房难得，进来看看，100%真实，5星经纪人为您服务
针对特点来写	要把房子最大的特点形象化地表达出来，越通俗易懂越好	（1）房子大我们可以写：你可以在房间里荡秋千 （2）楼下有商场我们可以写：你可以穿着睡衣逛商场 （3）景观房我们可以写：这个景色就值300万——该房仅要您280万；让你拥有不想离开家的景观 （4）房型好我们可以写：你会觉得你是住在三居的房子中——得房率超高；亲友会羡慕你住在宫殿中——挑高6米的大厅 （5）价格低我们可以写：做了这么多年房产，这样的房子第一次有这样的价格；接盘时我都想买下的房子 （6）装修好我们可以写：千万不要以为照片是假的——装修超豪华；看了房子，我也想有个家——装修温馨
针对市场来写	要根据当时的市场行情来写	（1）××年在观望，××年在观望，××年还要再观望吗？机会只有一次 （2）观望一次涨一次，朋友，你是不是还要重复昨天的故事 （3）观望的朋友，点进来看看，房东急售，低于市价1 000元/平米 （4）观望者绕行，只欢迎有眼光的投资客，附政府规划

下面提供一份不同房源的推荐标题范本，供大家参考。

【范本】房源推荐标题模板

房源推荐标题模板

主题类别	房源标题
针对买房结婚的	（1）要结婚了，买房装修，这里可以一步到位 （2）婚房！婚房！有了它就可以马上娶老婆了 （3）舒适三房，体验奢华生活，婚房首选 （4）精致三房，时尚的装修风格，婚房优选 （5）此房原为结婚而备，为结婚而装，现因离开本市而售，寻找有缘人
针对还在观望的	（1）我建议您看完这个房子再观望，一定不会让您失望 （2）所有人都在观望的时候，你敢出手吗

（续表）

主题类别	房源标题
针对还在观望的	（3）房价逐渐回升，观望后悔莫及 （4）2015年在观望，2016年在观望，2017年您还在观望吗？机会只有一次 （5）独家房源，仅此一套！错过了就没有了，您还在犹豫吗 （6）观望是没有结果的，该出手时就出手
针对想要投资的	（1）送阁楼，买了就会赚，仅此一套 （2）投资少、回报高的好房出售 （3）机会只有一次！不看这套房子绝对后悔 （4）忍痛急售××市政府对面即将拆迁的房子
针对急售房的	（1）周转急用钱，好房特卖三天，绝不食言 （2）震撼价：精装新房卖毛坯价，要买快来看 （3）惊爆价，稀缺复式，单价××万元，仅售两天 （4）什么叫真正特价房，看完这套您就会明白！急售
针对小区环境好的	（1）好的房子不是用来欣赏的，是用来享受的 （2）高档小区，人文荟萃，高品质的象征 （3）热销新房，生活配套齐全，环境优美 （4）小区环境不错，经典小户型，价低楼层好 （5）高档社区，景观好房，不可多得，机会稍纵即逝
针对靠近地铁的	（1）临近未来地铁站口，升值空间巨大！××小区三房急售 （2）紧靠××路地铁站的出口，升值空间巨大！××三房急售 （3）紧邻地铁口，稀缺小房型双南房，仅售××万元 （4）紧临地铁五号线，稀缺豪装小三房毛坯价格急售 （5）马上通地铁了，小区环境不错，经典小户型，价低楼层好 （6）全明双南采光好，房型佳，得房率高，紧临4号地铁口，精装 （7）豪华装修，拎包入住，真正的地铁楼盘，升值空间无限
针对学区房的	（1）精品学区房，低价急售 （2）地铁楼盘学区房，精装拎包即住 （3）双学区，豪装好楼层，无税好房 （4）××幼儿园（小学、中学），为您孩子插上梦想的翅膀 （5）××万元买一个数一数二的学区房，还等什么 （6）带××小学名额，别让您的孩子输在起跑线上 （7）优质学区，让孩子享受优质的教育
针对精装修的	（1）豪华装修小三房，拎包入住 （2）精装新房卖毛坯价，要买快来看 （3）稀缺三房，精致婚装，居家首选 （4）花园式洋房，豪装黄金三楼，有图有真相 （5）全新豪装，电梯房，临地铁，带产权，有独立车库 （6）精致小户型，精装送设施，花不多的钱，购温馨小家

（续表）

主题类别	房源标题
针对精装修的	（7）精装修，送全套全新家电，黄金楼层 （8）豪华装修，双南全明，户型工整，居家首选
针对户型好的	（1）南北通透，两卧客厅全南，户型非常棒 （2）时尚二居室，落地大飘窗，采光视野一流 （3）户型设计经典，空间划分合理，内外兼修的高品质建筑

三、推荐理由的写法

如果只是标题吸引人，其推荐理由写得不好，也是很难吸引客户的。写推荐理由可以从以下几个方面着手，具体如表5–4所示。

表5–4　写推荐理由的着手点

着手点	举例说明
可以从该房源所属小区的风格、物业、档次、人文、小区内部配套等方面作概括性介绍	·西班牙风格 ·国际化社区 ·怀旧情结 ·恒温游泳池等
可以从该房源所属小区的周边配套、交通状况作介绍	·地铁一号线衡山路站 ·步行到沃尔玛5分钟 ·轻松上福山路外国语小学等
可以从该房源的面积、房型、单价、总价、景观、装修、配置等作特色描述	·该小区稀有房型 ·超低单价 ·可以观黄浦江外滩全景 ·日式现代装修 ·实木地板、红木家具等
可以从房东的出售心态作特色描述	·做生意急需资金周转 ·出国前贱卖 ·买了别墅等着卖房付首付 ·工作调动成本价变卖等
可以对买该房源应交纳的税费作详细描述，凸显你的专业	·契税：总房价×1.5%＝20 000元 ·权证：5元一本 ·税费共计：39 987元 ·首付款：总房价×30%＝500 000元 ·买房应准备资金：税费＋首付款＝539 987元

（续表）

着手点	举例说明
配上该房源的室内照片、房型图、小区照片会更佳	房源照片主要拍摄客厅、主卧、主卫、厨房，也可拍摄一些特色性的图片，如花园、露台、复式挑空、个性书房等
外加有吸引力的自我推荐	可从毕业学校、从业资历、服务的客户、主营楼盘等方面进行描述

第三节　房源推广

小A：看来房源发布是个细致活，既要有好的推荐标题，还要有好的推荐理由，这样才能吸引客户的注意力。

老Q：不错，而且在不同的网站发布，其发布规则也有所区别，这点一定要弄清楚，要不然，你辛辛苦苦发布的房源信息有可能会被网站给下架。

小A：嗯，以后在发布信息前，我一定会事先了解该网站的规则。

老Q：在现在这个“酒香也怕巷子深”的时代，门店在获取房源之后，要对房源进行一定的推广，这样才会有更多的客户知道你的房源，才会有人主动联系你，进而将房源尽快地出售。

小A：那怎么才能做好推广呢？

老Q：下面我们来看几种常见的推广方式。

一、传统推广

传统的推广方式主要有图5-2所示的三种。

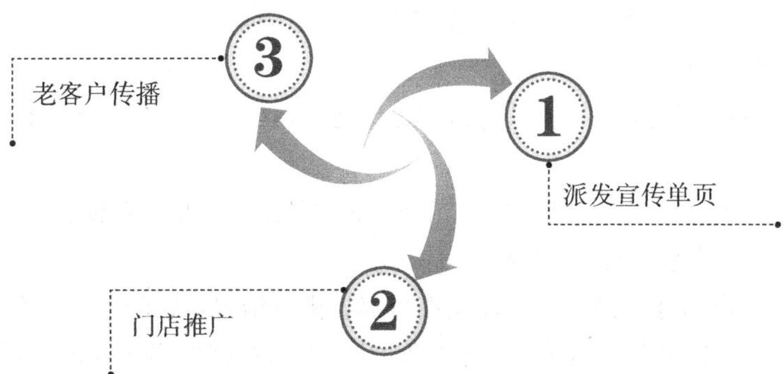

图5-2　传统推广方式

1. 派发宣传单页

在一些公交站牌或其他人多的地方派发房源宣传单页，上面印上房源信息、个人的联系方式，有需要的客户会主动联系你。

2. 门店推广

每天都会有客户在门店前面驻足，经纪人可以热情地打招呼，了解他们的需求，向他们推荐相应的房源。来门店的客户一般购房需求都比较大，推荐合适的房源能够促进客户更快地成交。

3. 老客户传播

老客户是一个很好的传播者，利用他们的口碑来宣传房源，更容易让人信服，能吸引更多的客户。这就需要经纪人与客户处理好关系，定时与客户沟通联络感情，与客户做朋友；也可以向他们推荐优质的房源，让他们介绍给朋友。

二、网络推广

随着互联网的逐步普及，越来越多的消费者愿意通过互联网来查询和了解房源信息。置业顾问利用互联网促进房屋买卖、进行网络营销也逐渐成为一种趋势和重要的客户开发渠道。

1. 网络推广的方式

一般来说，网络推广主要有以下几种方式。

（1）建立个人主页

有条件的置业顾问可以自己建立一个个人网站，或者将本市房地产网上的个人子域名网络站点作为自己的网络阵地，发布自己的各种信息。

（2）在房产网站上建立网店

有些房地产网提供免费置业顾问网店展示，置业顾问可以搜索相关房产网站建立自己的网店。图5-3就是某置业顾问在搜狐网上建立的个人店铺。

（3）利用即时通信工具

利用微信、QQ等即时通信工具，可以很方便地与同行及客户建立联系和开展交流。

（4）微信营销

通过微信公众平台、朋友圈等途径，给新老客户持续发送房源和促销信息。

（5）利用房产网站端口发布房源

一般来说，本市房地产网的房源发布端口都会提供给置业顾问免费发布房源的机会，也可手机快速发布，还可在58同城、吉屋网等网站上发布房源。图5-4就是某置业顾问在58同城上发布的房源截图。

图5–3　个人店铺截图

图5–4　房源发布截图

（6）在各分类垂直网站上发布房源

如赶集网、口碑网、各地房源搜索网站等，置业顾问都可以在上面发布房源信息。

（7）在活跃的BBS房产论坛和社区上发布房源

置业顾问可以上网搜索一些活跃的门户网站、业主论坛和社区、房产论坛等，每天抽出一定的时间在网上搜集客户信息和发布信息。图5-5是深圳房地产信息网论坛上发布的房源信息截图。

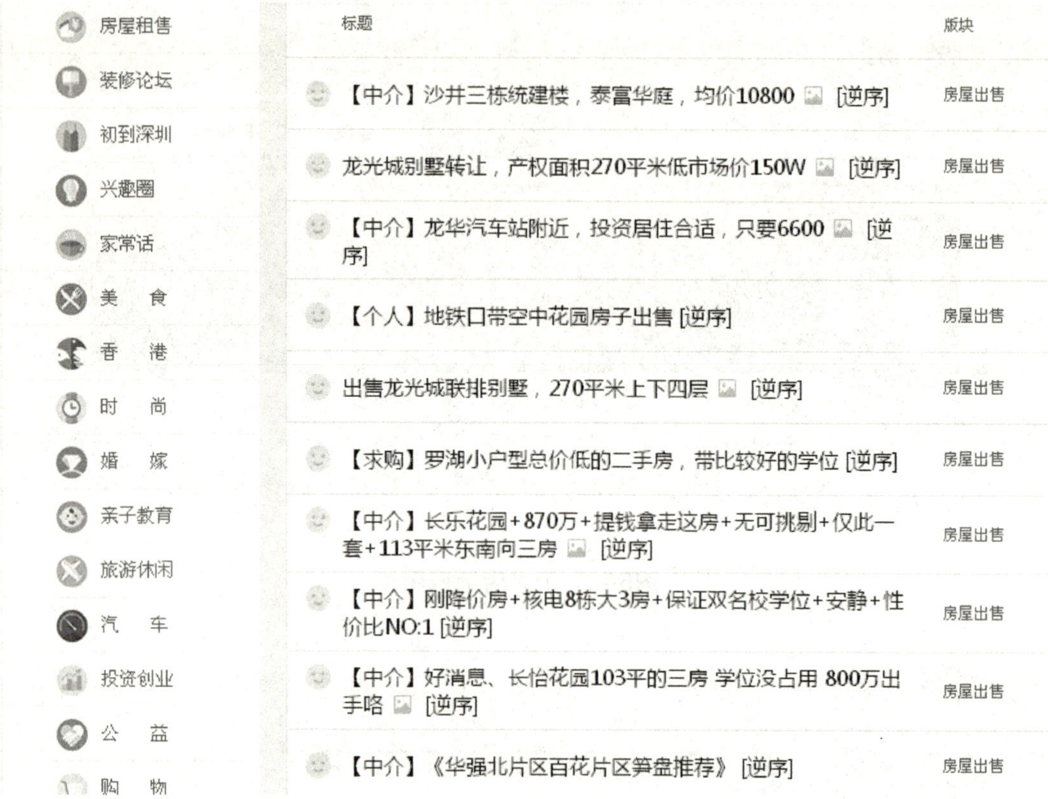

图5–5　论坛房源信息截图

（8）建立个人博客

现在很多门户网站和房地产行业网站都有博客功能，置业顾问可以免费建立个人博客，作为自己发布信息和形象展示的窗口。

2. 网络推广的步骤

（1）选择房产门户和本地网站

置业顾问可在各大房产门户和本地网站上先建立自己的店铺主页（或博客）。

①网络店铺上应使用实名和自己的真实照片，这样容易让客户产生信任。

②多注册几个即时通信工具如微信、QQ等，名字要取和置业顾问这一职业有关。比如，××商圈专家、小户型交易专家等。大公司可以附带上公司的名字。如中原地产××经纪人、链家地产××置业顾问，并将网上店铺地址和即时通信联系方式、电子邮箱等印制在名片和DM宣传单等一切可以让他人看见的地方，以便客户可以迅速找到你。

（2）上传内容，加入圈子

如果一个客户看到你的博客或者个人主页上面只有寥寥的几句话、几套房源，那么相信很少有人会在这里驻足。所以，在你正式推出博客之前，一定要准备大量的房源放在上面，最好有房源实堪时拍的图片，这样更吸引人。房源的介绍要详细，不能只写上几室几厅、多少平方米就完事。也不要简单地抄袭网上现有的，最好是用一个置业顾问专业的眼光对其进行分析，具体内容如表5–5所示。

表5–5 上传内容

项目	说明
房源情况介绍	房源情况包括房源的面积、户型、楼层、位置、景观、装修、配置、房源价格分析（总价、单价）等
房源税费介绍	因为是给买房者浏览的，所以要帮客户清楚地计算税费情况，以此显示你的专业，让客户更加信任你
个人能力介绍	对个人专业能力进行介绍，如你在这个片区的从业经历和交易类似房屋的成绩等
其他类似房源推介	直接推介一些类似房源或推介自己的店铺，给客户更多的选择

图5–6所示的是某置业顾问在新浪乐居购房网上对在售房源描述的截图。

房源描述　房源图片　位置及配套　小区信息　小区装修

房源描述

本房源链家认证编号为：(复制房源编号时去掉空格)，可拨打链家客服热线或登录链家网或关注链家 微信链家服务平台查询！

【卖点】：

此房满五年，业主一家人在住，是小区的后排楼，不临街

【户型介绍】：

此房是南北向两居室，客厅朝北，因为特殊楼层，房子的净高是3.1米，进门时入户玄关，保证隐私，左转是客厅，客厅是带落地阳台，亮度高，本房的卫生间的带窗户的明卫

【税费解析】：

此房房本已经满五年，且业主家庭名下只有一套住宅，首套只需要缴纳1.5%的契税。

【权属抵押】：

此房无抵押无未还清的贷款，房子是夫妻两个人共同共有，权属清晰

【交通出行】：

小区门口是九龙花园公交站，多条公交线路纵横，出行直达国贸，四惠等，小区出门右转是十号线双井站，左转是七号线、十四九龙山站，出行方便。

图5–6 房源描述截图

老Q点拨

房源介绍时，最好配上真实的现场图片，再加上一些市场分析、对行情的看法以及专业的投资理念分析等，一定要显示你的专业。

3. 网络店铺的推广

网络店铺建好了，接下来就要扩大自己的影响力了，具体做法如图5-7所示。

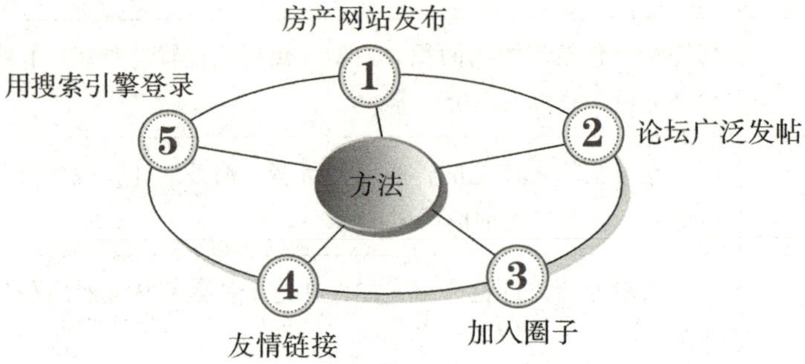

图5-7　扩大博客影响力的方法

（1）房产网站发布

置业顾问可以在各网站上广泛发布房源信息，要挑让客户感兴趣的房源，同时留下自己的博客网址。

置业顾问在发布信息时，一定要掌握正确的方法。对于一些对广告帖子审核比较严的网站，可以以个人介绍的方式来发布。

比如“从业八年的经纪人愿为你服务，商铺投资专业经纪人，某某小区二手房交易专家，对××商圈十分了解”等。

发布时要注意方法，比如搜房帮需要逐条更新，同时发布日期也会更新，所以更新的时候要有选择，挑出你重点推荐的房源更新。购房者可以批量刷新，所以建议每天早上上班第一件事就是全部刷新一遍，激活日期建议按比例分配，比如部分房源选择5天，部分选择9天，这样可以分散你的信息，让你的信息在搜索结果中从头到尾都有，而不是全部都堆在前面。

（2）论坛广泛发帖

门户、房产网、垂直网站、专业网站上有大量的论坛。

①可以写一些简单的内容，宣传自己的网络店铺或博客。比如，“更多内容或房源请浏览我的博客或主页（记得附上地址）”。

②题目可以写的比较有吸引力一点。比如，房东出国急售二手好房、推荐精品房源、××市房价之我见等，切记不要夸大其辞。

图5-8所示的是房产中介在某论坛上发布房源的标题截图。

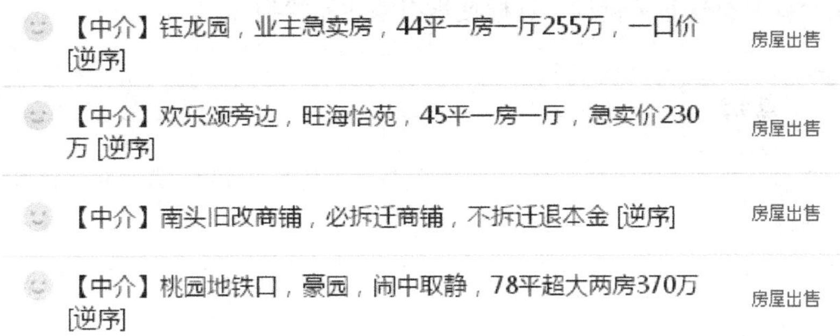

图5–8　某论坛所发布房源的标题截图

③设计个性签名。很多论坛发帖都有一个签名，置业顾问可以将自己的从业生涯、优势、联系方式等加入进去，需简短而有吸引力。

（3）加入圈子

很多门户网站或者房产专业网站房产经纪行业都有自己的圈子，加入这些大家庭，可以迅速提高你的知名度。比如，微信群、QQ群、本地的业主论坛群、BBS等。

加入这些圈子后，要积极聊天，充分展示自己，让更多的人来到你的空间或者和你建立联系。

比如在群里发一个比较醒目的题目，然后给出链接地址，引导人们到你的网站上去看。

（4）友情链接

置业顾问可以和一些有影响的博客或者网站做文字或者图片友情链接，单向或者交换都可以。

置业顾问应经常在一些有影响力的博客上面留言，然后附上自己的博客地址和介绍，以及自己的联系方式。

（5）用搜索引擎登录

每个搜索引擎都有免费登录口，经纪人需要花一点时间在这些搜索引擎上做免费登录。被搜索引擎收取后，客户搜索的时候出现的概率会有很大提高。

4. 网络推广的技巧

为了吸引更多的人到你的网络店铺或博客上来，也可以适当地放一点成功激励的小故事、无伤大雅的小笑话、发人深思的哲理故事、自己的心路成长历程等，有条件的置业顾问可以上传一些看房记录的视频，这样就能让客户在你的博客和主页上停留更多的时间。

（1）关键字营销

大部分网上的客户都是通过关键字来搜索房源和博客的，所以你的主页上一定要有客户感兴趣的关键字，这样客户才能通过搜索引擎找到你。

比如，二手房、中介、小户型、朝阳、环境、性价比、公摊、交通、急售、诚信中介、学区房、精品房源、热销等。

换句话说，就是客户喜欢在搜索引擎里面输入什么词语来寻找房源或者经纪人，你的主页或者网站上就要有这些关键词，这样搜索引擎才能找到你。

老Q点拨

> 多问一些客户和朋友，看他们平时找房源一般怎么搜的，那么你的博客和个人主页上也要包含这些关键词。

（2）热门事件营销

借助最近发生的热门事件和讨论话题通常是增加流量的好办法。

比如，万科降价、房产突发性新闻等都非常受人关注。所以，在热门事件发生的第一时间，马上把它转载到自己的博客或者个人主页上，这样客户在搜索相关事件时很容易搜索到你的博客或个人主页地址。

三、微博推广

企业可以利用微博向网友传播企业信息、产品信息，树立良好的企业形象和产品形象。跟大家交流互动每天更新内容，或者发布大家感兴趣的话题，这就是微博营销。

1. 微博上发布什么

对那些想真正提供优质服务的房产中介企业来说，把业务搬上微博，通过微博直接展示客户的评论，更容易形成良好的口碑，建立自己的服务品牌，并以此把自己和那些不良中介区别开来，形成自己的核心竞争力。那么，我们在微博上可以做什么呢？

（1）发布供需双方的信息

发布的信息要与线下发布的内容相同。具体如图5-9所示。

图5-9　中原地产微博截图

（2）微博中介联盟

出于资源共享、客户共享等原因，线下的中介常常结成中介联盟。在微博上，中介依然可以形成中介联盟，利用微博实时、快速、互动性强等特点，使共享更有效率。

（3）咨询与问答

企业可通过私信，也可通过建立微群，还可通过微博公告，提示客户可通过@自己提出问题，企业可为其进行实时解答。

（4）适当发布知识性内容

房地产交易是一个专业性很强的领域，很多客户对其缺乏必要的了解，经纪人可以通过微博适当发布一些常识，比如二手房交易流程、二手房贷款注意事项、如何不上黑中介的当等。具体如图5-10所示。

图5-10　链家在线微博推广截图

2. 微博推广注意事项

房产中介在微博进行营销推广时，要注意以下几个问题。

（1）不要一上来就搞信息轰炸，这会使人反感，要根据粉丝的数量逐步增加信息的发布量。对每日发布的信息总量，要进行动态控制。

（2）要了解微博营销是一个缓慢的过程，不能急功近利，可以先把微博当成一个发布窗口，一个可以主动挖掘新客户的地方，前期沟通为主、业务为辅，不要跟每个人都一上来就谈业务。只要是同城的，先认识一下就好，给对方留个印象即可，有需求时，客户会主动上门。

（3）切忌乱发广告，微博营销的核心在于先交朋友、后发展业务，最终通过口碑来获得客户的真正认同。一上来就大发广告，必然引起多数人的反感，反而得不偿失。

（4）一定要避免陷入微博营销的误区，只有准确地认识了微博营销这一网络营销模式，真正有目的、有针对性、有规划地将企业和产品信息传递给消费者，让企业拥有庞大的忠诚粉丝团，才能真正将营销活动落到实处，从而更好地利用微博营销的优势为企业的发展推波助澜。

四、微信公众号推广

在当下这个移动互联网时代，利用好微信公众平台做好营销推广是房产中介公司拓宽业务渠道、增加成交额的有效营销方式之一。

1. 注册微信公众号

门店如果没有微信公众号，就要申请注册一个微信公众号。微信公众号的注册流程如下。

（1）百度搜索“微信公众平台”，进入微信公众平台官网的登录页面，点击页面右上角的“立即注册”。

（2）填写邮箱、密码等基本信息，点击“注册”。

（3）登录你注册的邮箱，打开微信团队给你发的新邮件，按提示，点击激活账号的链接地址。

（4）选择账号的类型，房产中介公司可以选择“服务号”，主体类型“企业”。

（5）主体信息登记：企业名称，营业执照注册号，主体验证方式（自动对公打款验证、人工验证），对公账号信息；运营者信息登记：姓名、身份证号、手机号。信息填写完毕，点击“继续”。

（6）完善公众号信息：账号名称、功能介绍、运营地区选择。

（7）登录注册的账号，进行对公账号打款验证，验证通过后，公众平台账号审核通过即可使用。

相关链接

房产中介注册微信公众账号时应该选择哪个类型？

不少房产中介用户在注册微信公众账号的过程中通常会有这样的疑问：应该选择哪种类型的账号？订阅号、服务号还是企业号？现在我们来看看这三类账号的区别。

1. 侧重点不一样

（1）服务号侧重于对用户进行服务；

（2）订阅号侧重于信息传播；

（续表）

（3）企业号侧重于生产运营管理。 2. 适用范围不一样 （1）服务号主要适用于媒体、企业、政府或其他有需求的组织； （2）订阅号主要适用于个人、媒体、企业、政府或其他有需求的组织； （3）企业号主要适用于企业、政府、事业单位或其他有需求的组织。 3. 服务号、订阅号、企业号的主要区别 （1）给客户推送信息：服务号每月4条，订阅号每天1条，企业号每分钟200次。 （2）消息显示位置：服务号和企业号直接显示在微信聊天列表中；订阅号在微信对话列表“订阅号”文件夹中。 （3）用户关注：订阅号和服务号可以被任何微信用户扫码关注或者添加；企业号只可以被通讯录中的人关注。 （4）设置自定义菜单：订阅号通过微信认证之后可以添加自定义菜单；服务号和企业号无需认证就可以添加自定义菜单功能。 （5）微信支付：订阅号无微信支付功能；服务号和企业号通过认证之后支持微信支付功能。 针对房产中介公司的服务性质和需求来讲，服务号是比较合适的账号类型。

2. 微信公众号的推广方式

想要让微信用户看到你的公众号，就要对微信号进行推广，推广方式主要有以下几种。

（1）在门店的牌匾上印上微信二维码，有需求的用户一般都会扫一扫的。

（2）每个员工名片上都要印上微信二维码，发给客户也能起到不错的推广效果。

（3）发放的DM单、宣传页、资料袋上都可以印上二维码。

（4）驻守小区时，在展示板上贴有二维码的宣传，可以做“扫码送优惠”的活动，诸如关注二维码送毛巾、洗护品等，这种方法还是挺有效的。

（5）在员工发布房源时，描述里面可以带上关注二维码的相关信息。

（6）员工可以在自己的朋友圈里分享公众号信息。

（7）在参加房展会等活动时，可以设置关注二维码送礼品的活动。

3. 微信公众号的推广技巧

现在各行各业都做起了微信营销，房产中介也不例外。房产中介门店可参考图5-11所示的技巧来做好微信营销。

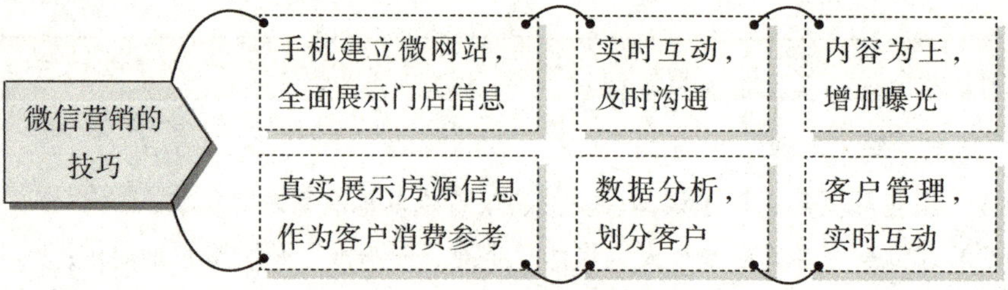

图5-11　微信营销的技巧

（1）手机建立微网站，全面展示门店信息

房产中介门店将自己提供的服务信息分享到微信上，并在其微网站上自主发布房型报价、促销活动、最新动态等涵盖客户需求的信息。具体如图5-12所示。

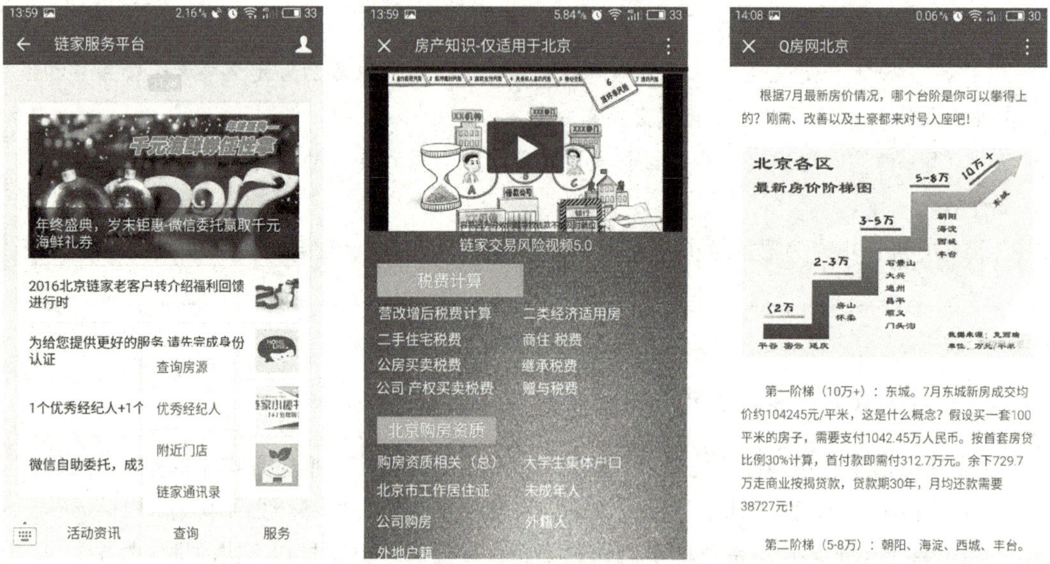

图5-12　微网站截图

（2）实时互动，及时沟通

在微信上与粉丝直接互动交流，第一时间对客户的需求提问做出回应，实现与客户的及时沟通，从而获取用户预约订单，并进行数据挖掘和分析。

（3）内容为王，增加曝光

门店可经常提供行业最新消息和店内最新动态，如企业新闻、优惠促销、房产知识、房价政策等，具体如图5-13所示。

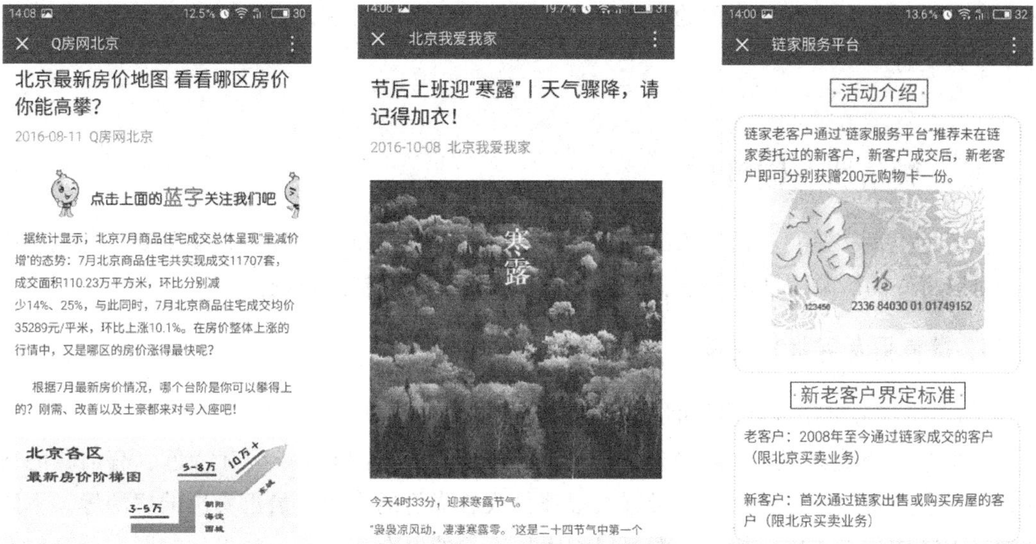

图5–13　微信推送内容截图

（4）真实展示房源信息作为客户消费参考

除了在微信上经常发布房产资讯外，门店还应经常在微信上发布最新的房源信息，给用户以最真实的展示，无形中提升企业形象，增强潜在客户的信任度，刺激其消费。具体如图5–14所示。

图5–14　房源信息截图

（5）数据分析，划分客户

门店为提交预约的客户建立客户档案，对客户档案进行管理，与客户实时互动，并可对客户进行精细划分，还可以导出EXCEL表格，方便门店二次加工和信息处理。

（6）客户管理，实时互动

门店不仅可以在官方微信后台看到营销分析、粉丝分析、页面分析等数据，还可以对报价推广效果、企业新闻、预约服务等业务指标进行监控管理，为阶段性的网络推广决策提供有力支持。

五、微信朋友圈推广

由于朋友圈多是自己的亲人或朋友，可以分享一些有价值的知识，而不要单纯地发广告。可以将好的房源信息快速分享到朋友圈中，支持网页链接方式打开。

1. 微信朋友圈推广攻略

（1）定期分享房源到你的朋友圈

一般情况下定期发布3～5个不同类型的房源，尤其是挑选一些有特色、有话题的房源，例如名人曾经居住的房源、最近大幅涨价或者降价的房源、最近卖出的房源等。不同类型、不同位置、不同价格的房源可以大大扩充你的潜在客户群。如果你的朋友分享你发布的房源，朋友的朋友就有可能和你联络。

（2）定期分享房源到相关微信群

很多客户都会有很长的观望期或者考虑期，这段时间及时跟进是非常重要的，否则客户极有可能在决定购房时把你忘了，或者一直产生不了购房的意愿。一个行之有效的方法就是为潜在客户建立一个或者几个群，定期在这些群里发布一些新房源，这样就可以不断给潜在客户加深印象，客户想买的时候也会第一时间想到你。另外，多加入一些相关的群，例如讨论本地投资的群，看到相关的讨论就发布一些相关的房源。

（3）分享房源给特定客户

对于购买意向很强的客户，要养成定期跟进的习惯。记住每个客户的喜好，每周找几套客户喜欢的房源通过微信发给客户，这样既不会打扰客户，也会让客户感受到你的用心，这个习惯会大大提高你的成交率。

2. 朋友圈推广的注意事项

（1）分组发布。发给什么人看比发给多少人看更有意义；也没必要将一条又一条的房源信息发给亲戚、朋友，这样做对你来说没有任何意义。

（2）没有必要天天在朋友圈打广告，频繁刷屏只会让人讨厌。

（3）多发能够帮助到“粉丝”的东西，多分享一些买房子要注意的事项、禁忌等。

比如可以根据看房经验写一小段“看房时如何检验房子有无漏水现象”等软文。

（4）发布一些轻松的话题。不要让大家觉得你整天都在卖东西，有空时可以拉拉家常、多经营彼此之间的感情。

比如发一张带看时拍的照片，照片上是你和客户分享一块美味的巧克力，家人看到你工作时的状态会更放心，客户看了也不会反感。

（5）尽可能用最平实的语言来发布信息，不要过于专业，要让普通客户也能看得懂。

第六章

如何做好客户开发管理

6

第一节　寻找和收集客户信息

老Q：小A，前面讲的那些房源推广的方式你都了解了吗？

小A：有了一些了解，具体的我还要仔细研究，特别是如何在网站上推广、如何描述房源、如何在微博上发布、如何注册微信公众号并进行推广、如何做好朋友圈推广等，这些还要仔细琢磨才行。

老Q：是的，现在是移动网络时代，掌握好这些推广技巧，非常有助于你做好房源的开发与发布工作。

小A：嗯，我会认真研究的。

老Q：那就好。但是你光有房源也不行，更重要的是要有客户，没有客户，房源再多、再好也是枉然。作为店长，你要协助置业顾问开发客源，以便更好地成交。

小A：那您给我讲讲如何开发客户吧。

老Q：好，首先，看看如何寻找客户。

一、获取客户信息的途径

一般来说，获取客户信息的途径主要有图6-1所示的几种。

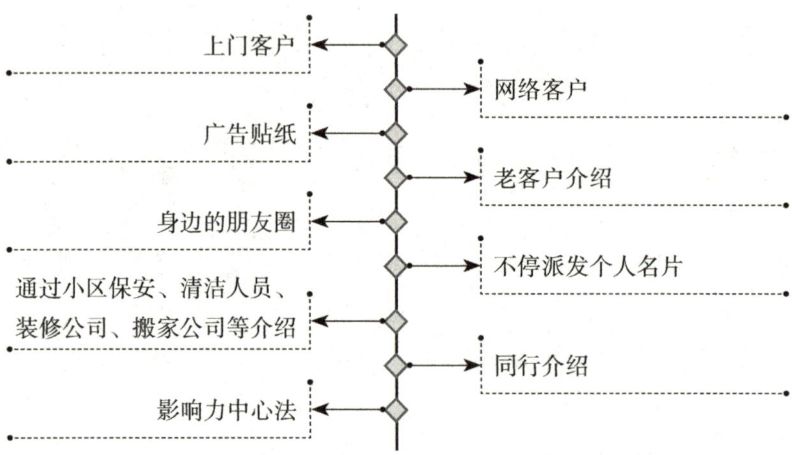

图6-1　获取客户信息的途径

1. 上门客户

上门客户即指主动到房产中介公司咨询的客户。

2. 网络客户

互联网客户可以称为网络客户，网络客户又可以分为以下几种。

（1）通过网络平台发布自己的房源信息，如搜房网、58同城、赶集网等，客户可以根据自己所在的地区选择适合自己的网络平台。

（2）通过加小区的业主群来获得客源。有部分客户需要买房子，会先通过小区的业主了解小区各方面的信息；另外，也有些小区业主需要换大房子，或者小区业主的朋友需要买房租房。

（3）通过小区的业主论坛来获得客源。有些客户需要买房租房时，会直接在小区的业主论坛上面发布自己需要买房或租房的信息。

3. 广告贴纸

置业顾问可以自己制作Word文档，写上房源信息+自己的手机号码，然后打印出来贴到小区广告栏里，这也是寻找客源的一种方法。

4. 老客户介绍

我们要记住，你服务过的老客户是你很大的一笔财富，如果不经常联系，那就是你的损失，因此客户维护是一项非常重要的工作。有些已经租过房子的客户，过了一两年自己也会打算买房子，如果你跟他保持联系，那么他有购房需求时就一定会先找你；另外，也有些已经租了房子的或者买了房子的客户，会带自己的亲戚朋友来租房或买房。

5. 身边的朋友圈

要懂得利用自己的资源和优势，要让你的亲戚、朋友、同学都知道你现在在做房地产，朋友的朋友、亲戚的亲戚都有可能成为你的客户。而且相对于陌生人来说，亲朋好友的引荐更容易成交。

6. 不停派发个人名片

乔·吉拉德就有这样的习惯，在与客户见面时，总是会把自己的名片递给对方，第二次见面、第三次见面依然会发自己的名片给顾客。因为当你第一次发名片的时候，客户可能会很不在意，名片有可能会被他们随手丢弃。如果见一面就发一次，客户有那么多张你的名片，当他有需求时，难道还不会选择找你买房吗?

7. 通过小区保安、清洁人员、装修公司、搬家公司等介绍

平时可以多跟这些人员保持联系，因为有些来小区闲逛的客户，会跟小区的保安、清洁人员等了解小区的信息。比如可以跟小区的保安、清洁人员、装修公司员工等达成协议，如果成交，他们可以拿到20%的提成。

8. 同行介绍

任何一个业务人员都会有自己的客户资源，一个人际关系很好的业务人员可以利用同行或同事之间有效的资源，获取相应的备选客户资料，并通过同行的介绍快速地进行客户开发，提高客户开发的速度及成功率。

9. 影响力中心法

此法也可叫做人物带动法，任何一个小集体都有一个核心人物，他（她）可以影响该集体内的许多人。置业顾问要想让某些人成为自己的客户，必须将他们中的核心人物作为攻坚的主要对象，使其理解房产经纪行业，了解现今的房地产市场行情，让其体会到专业服务，使其从排斥、理解到接纳自己。

老Q：服务性行业中尊称客户是上帝，而在房地产经纪业务中，客户是经纪人的衣食父母，是经纪人得以生存的根基。一个优秀的置业顾问不会放过任何一个寻找潜在客源的机会。

小A：我明白。

老Q：获取了客户的信息，还要对客户信息进行分类，这样有助于我们及时跟进客户来促成交易。

小A：那如何收集与分类呢？

老Q：下面我们来具体看看。

小A：好。

二、收集整理客户信息

了解客户的个人资料，有助于置业顾问及时跟进客户并促成交易。从不同渠道得到的信息是不一样的，除了急于出售或购买房产的客户，一般客户都不愿意提供完整的信息和背景资料，这就需要置业顾问通过各种途径尽量挖掘客户相关信息。置业顾问需要了解的客户基本信息如图6-2所示。

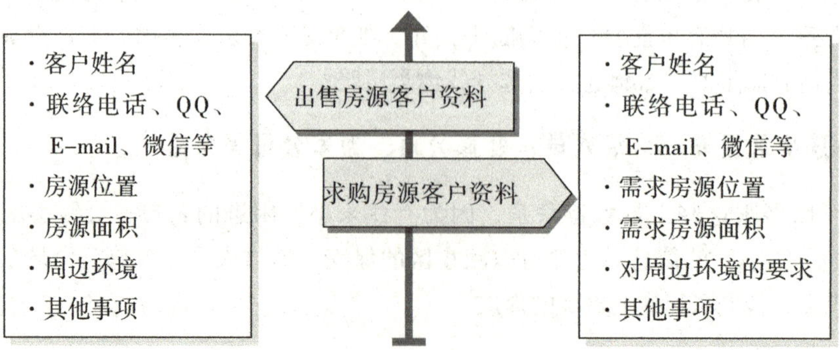

图6-2　需要了解的客户基本信息

三、客户信息分类

由于信息来源的不同，客户信息一般分为图6-3所示的四类。

图6-3 客户信息的分类

1. 公开信息

置业顾问应经常查看相关信息，并详细记录下来，比如以下几种信息。

（1）每天报纸上的有关房讯、房产信息。

（2）上房产网搜到的租售信息。

（3）扫街看到的信息。

（4）同物业管理公司接触得到的房源信息。

（5）刊登报纸广告得来的信息。

（6）在房产网上发布求租求购信息或是在房产论坛上发帖子而获取的信息。

2. 走动查找到的信息

置业顾问应把通过走动式查找主动收集来的信息记录下来。如广告宣传页的回复信息；走访周边小区，现场查问得到的信息；客户自报房源或需求得到的信息；关系户提供的信息等。

3. 通过合作得到的信息

置业顾问应将通过合作的方式获得的信息记录下来。如同物业管理公司合作，达成协议，如果他们管辖的小区有房子要出售请联系你，房子出售后给其提成；同其他置业顾问合作，将投资型客户的电话都留给你，由你来联系他们。

4. 老客户提供的信息

置业顾问通过为已成交的客户提供良好的服务、定期回访等得到对方的信任和认可，对方可能会提供一些有价值的信息，而且，这种信息“含金量”较高。

最后，置业顾问要将客户信息进行分类登记，编制客户信息分类登记表，具体如表6-1所示。

表6-1 客户信息分类登记表

信息来源	序号	详细内容	备注
公开信息			
走动查找到的信息			
通过合作得到的信息			
老客户提供的信息			

第二节 了解和分析客户

老Q：小A，对咱们置业顾问来说，要学会了解不同类型的客户，把握不同类型客户的心理，才能针对不同的客户采取不同的推销手段。

小A：看来，我们还要懂点心理学才行。

老Q：是的，销售过程就是一个心理博弈的过程，只有“对症下药”，才能达到预期的效果。

小A：这么复杂啊，那您可得好好教教我。

老Q：也不是很复杂，关键是你要用心地去揣摩，善于换位思考，这样就会取得客户的信任。

一、对客户进行细分

客户分类可以采取多种方式。分类方式不同，分出的客户类型也就不同，这里列出几种主要的分类方式，具体如图6-4所示。

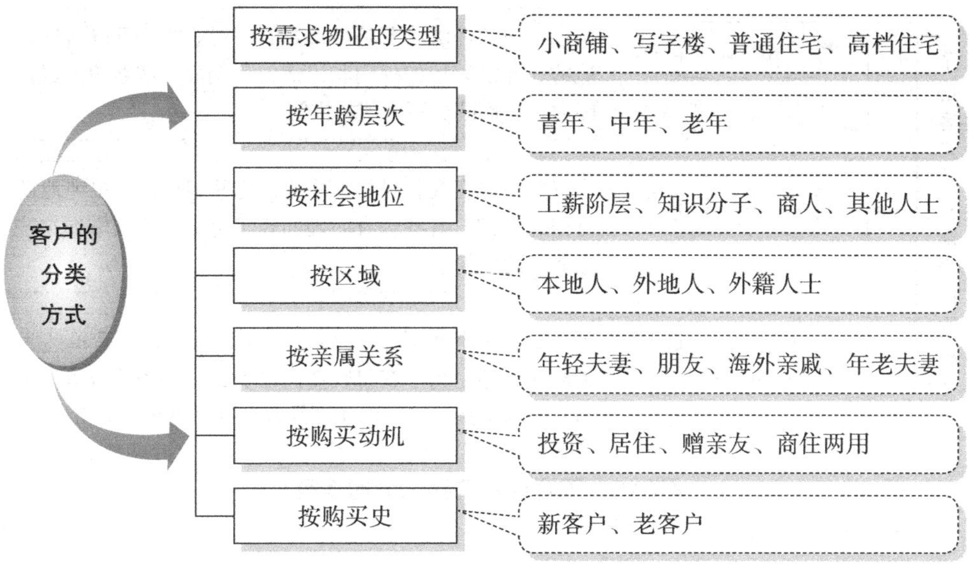

图6–4 客户的分类方式

二、分析客户的客观因素

细分客户群体之后，还要分析各群体自身的客观因素，这样有助于置业顾问针对不同客户采取不同的推销手段，从而达到交易目的。需要分析的客户因素如图6–5所示。

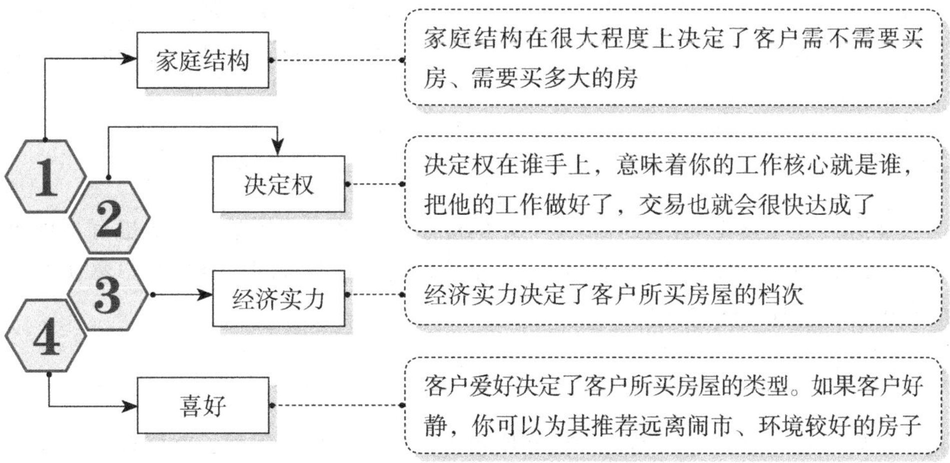

图6–5 需要分析的客户因素

三、了解客户的购买能力

当我们刚开始接触一个客户时，必须确定他是否具有购买欲望和购买能力。置业顾问可以通过以下三个途径对其进行了解，具体如图6–6所示。

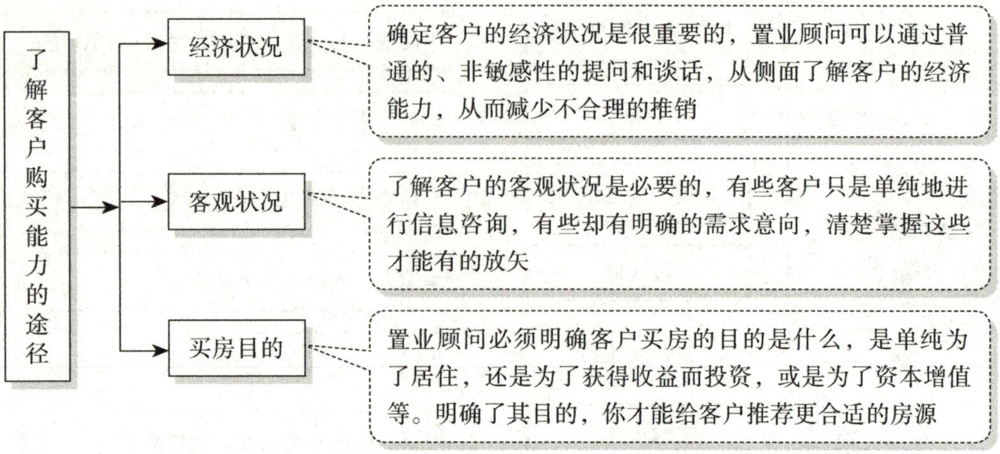

图6–6　了解客户购买能力的途径

四、了解客户的购买心理

客户在看房选房时，往往都会经历以下四个心理阶段：排斥期、兴奋期、犹豫期、极度兴奋期。置业顾问要通过客户情绪、语言、行为上的微妙变化来判断他们所处的心理阶段。当客户处于兴奋期或极度兴奋期的时候，就是销售促成的最佳时期。

1. 排斥期

刚开始接触时，客户对置业顾问可能有一定的排斥和戒备心理，对楼盘和房子往往抱着挑毛病的心态。在此阶段，房产销售人员应尽力与客户培养感情，探询客户的真实需求，推介合适的楼盘和房型。

2. 兴奋期

与置业顾问建立基本的信任并产生一定的好感后，客户对楼盘和房子也有了较深入的认识和体验，进而产生强烈的兴趣与意向。在此阶段，置业顾问应带领客户参观现场，引导体验和想象，适时提出成交要求。

3. 犹豫期

随着了解加深，客户进入实质性权衡比较阶段，心态趋于理智，对楼盘和房子的某些方面产生担忧和疑虑，犹豫不决。在此阶段，置业顾问应引导客户吐露真实的担忧和拒绝理由，并及时、彻底地予以消除。

4. 极度兴奋期

担忧和疑虑得以及时有效的消除后，客户对楼盘和房子的好感进一步增强，急于得到理想的房子。在此阶段，置业顾问应重复卖点，强调利益与价值，制造紧迫感与压力，利用促销优惠及时促成销售。

第三节　购房需求分析

小A：通过您这一讲解，我觉得，要想了解客户也不是很难。

老Q：是的，做任何事都要讲究方法，只要方法得当，就能事半功倍。

小A：明白。

老Q：在人生的不同阶段，人们的生活特点都会有所不同，对房屋的需求也有很大不同。作为店长，需要分析不同买房客户的需求，对置业顾问进行培训，从而采取有针对性的销售策略。

小A：那您给我讲讲现在一般的购房需求都有哪几种吧。

老Q：好，咱们一起来看看。

一、单身人群

在很多人眼里，能独立买房的单身人群是幸福的。不过，其生存压力也很大。即使已有了购房打算，实际上多数单身人士的购房预算并不多，但购房的心情又比较急切。对于这类人群，需要根据不同的购房需求区别对待。

综合来看，现在的单身购房人群多数在25～35岁，他们追求个性化、讲求品牌，多数属于感性消费。相对来说，单身人群购房不会一次性到位，更多采取阶梯式消费模式，以便随着收入的增长、工作岗位的变化以及今后生活的变化适时地调换住房。单身人群购房需求的分析如表6-2所示。

表6-2　单身人群购房需求分析

序号	事项类别	具体说明
1	交通	单身人群通常处于创业初期或工作起始阶段，早出晚归，公交车与地铁是其主要交通工具。因此，选择的社区周边最好有便利的交通条件，不要把过多的时间浪费在上下班的路上，以免影响工作和休息
2	居家安全	单身人群的大部分时间都用在工作上，很少在家里。因此，应选择物业管理较成熟的小区居住，慎选独栋、无物业管理、无安保的小区，消除安全隐患
3	环境配套	单身人群往往生活节奏很快，无暇顾及个人生活。因此，小区内最好配备完善的生活服务设施，如运动设施、商业设施、餐饮设施等
4	付款方式	单身人群发展空间很大，眼光要放长远，最好选择总价低、不需要一次性付款的小户型，还款方式最好选择等额本息，这样每月的还款压力小，可以把多余的资金用于投资和创业

二、新婚人群

成家立业是大部分人都必须经历的人生阶段，新婚者的购房需求分析如表6-3所示。

表6-3 新婚人群购房需求分析

序号	事项类别	具体说明
1	面积	结婚后可能会出现父母同住、社会交往以及添加孩子等方面的情况，这时新婚人群的经济不是很宽裕，因此，最好购买紧凑、房间多的小户型
2	交通	最好选择交通便利的地方，能方便夫妻上班、小孩上学、老人出行等。若是选在郊区，最好选择有地铁或者公交线路多的地区
3	环境配套	购物便利是首要考虑的因素，超市、菜市场、药房、医院、幼儿园、学校等都要距离适中，一般来讲以1 000米以内为宜
4	居家安全	要有成熟的保安和物业，房屋的布局设计和装修布置要能保证老人和小孩的便利和安全
5	采光格局	新婚族因有大量的家居摆设，因此应选择格局方正、采光通风好的房子。另外，由于社会交往的增加，对客厅和厨房的要求也相对较高
6	付款还款	新婚者的开销较多，经济压力比较大，因此要规划好付款方式，最好还是选择银行贷款，并计算好生活各方面所需费用，不要使自己的还款压力太大

三、改善居住条件人群

有一定的经济基础、希望改善居住条件的购房者，对居住环境有很高的期望，要求也会相对较高，其购房需求分析如表6-4所示。

表6-4 改善居住条件人群购房需求分析

序号	事项类别	具体说明
1	面积	如果是因为面积、格局不够理想而换房，此时就要考虑房屋的户型、楼层、朝向、采光以及客厅、餐厅、厨房、卫生间等的面积和格局，尽量使其达到预期的要求
2	地段	如果是因为地段不够理想而换房，就要根据自己的购房预算选定合适的区域和板块，好的地段不仅可以增加居住的便利性，还可以增加其保值、升值潜力
3	交通	如果是因为交通不够理想而换房，这时就要更多地考虑交通因素，如地铁、公交、渡口等，如果属有车族，那么就要着重考虑车位的问题以及车子的进出是否便捷

（续表）

序号	事项类别	具体说明
4	环境	最好不要选择商住混合的小区，物业管理和周边配套也应着重考虑，如超市、银行、医院、学校等应齐全

四、提高居住品位人群

住房最能体现一个人的价值品位和身份、职业、修养等。因此，提高居住品位是越来越多成功人士所追求的目标。对于这部分人群来说，房子不再是单纯的居住场所，而是自身价值和身份的体现。提高居住品位人群的购房需求分析如表6-5所示。

表6-5 提高居住品位人群购房需求分析

序号	要点类别	具体说明
1	户型	（1）房间应宽敞、明亮；除了普通住宅的必备功能区间外，还应包括保姆房及会客厅等 （2）厅的面积应足够大，便于装修布置；厨房的布局和配置也很重要 （3）宽敞明亮的大堂也是最能体现物业品位的设施之一
2	地段	最好选择在繁华的中心区，除了体现价值和方便出行以外，还能保证房屋的保值和升值潜力
3	交通	车位的问题以及车子进出的便捷性都需着重考虑
4	物业	（1）物业管理是关系到业主能否享受高品位生活最为重要的因素，好的物业管理应做到规范、及时、有序，以业主的利益至上为理念 （2）配套设施应包括会所、游泳池、健身房等其他运动休闲设施
5	环境	（1）处于国际社区，周边有良好的金融、商业及休闲、教育等设施 （2）小区居民的整体素质也是需要考虑的因素 （3）景观也是衡量一个社区生活品位的重要因素

老Q：小A，你知道在二手房交易中，什么类型的房子单价最高吗？

小A：应该是地段比较好或者房子比较新的就好卖吧。

老Q：不错，地段好、房子新的肯定单价高，但是某些比较旧的小区，由于其所在地段好也能卖出好价钱，就比如学区房。现在，我们就来看看什么是学区房。

小A：好。

五、购买学区房人群

随着买房族年龄结构的变化，对下一代有教育需求的购房者逐渐增多，有限的资源面对日益增多的需求，让“学区房”在二手房市场独占鳌头。

1. 什么是学区房

学区房是由教育部门根据每年片区入学生源划分出来的一个范围。在这个范围里学生可以通过享受义务教育免试就近入学，这种范围里的物业房产就叫做学区房。

2. 查询上学名额是否被占用

作为置业顾问，在客户购买二手房前要协助客户了解清楚该楼房的户口是否已被使用，如果户口已经被使用，则要协商并要求前业主迁出，以方便购买者户口迁入后子女获得入学名额。

（1）先看原业主有没有把户口迁走，如果没有迁走，那么客户的户口就无法迁入。

（2）再看原业主是否用掉了名额，只要原业主已经没有小孩在对口学校在读，那么这个上学名额就可以用。

六、投资买房人群

购买一套面积适中的二手房，既是普通购房者购房自住的不错选择，也是投资者投资理财的良好选择。投资人士的购房需求分析如表6-6所示。

表6-6　投资买房人群购房需求分析

序号	要点类别	具体说明
1	位置优势、交通便利	附近公交线路发达，可以直达四面八方，这样的房子无论是出租或转手都很有市场
2	方便的购物、就医、教育环境	大多数的旧居民区附近都有成熟的大型超市或方便的小菜市场，而且附近一般可以找到市属大医院，幼儿园、小学、中学也一应俱全。多年的社区人文环境造就了繁荣的社区服务环境，此类二手房出租或转手也很有市场
3	避免潜在的质量隐患	有些上市的二手房已经居住了三五年至十年以上，如果房屋质量存在什么问题，现在应该明显暴露出来了，或者已经被原房主或房管部门修缮过了。在挑选二手房时，应仔细认真地检查房屋的状况，做到心中有数
4	及时拿到产权证	如果购买二手房是为了投资，那一定要买有产权的二手房，并且按照规定缴纳应缴的税费，进行产权过户手续。只有拿到了房屋的产权证，房子才可以合法地出租、出售，甚至办理抵押贷款

第七章

如何做好客户接待管理

7

第一节　电话接待

小A：看来，不同的人群对房子的需求确实不一样。

老Q：是的，作为置业顾问，你只有清楚客户的需求，才能为其推荐合适的房子，从而促成交易。

小A：我知道了，就好比给一个单身人士推荐一套高价位的学区房，他可能就不会考虑了。

老Q：是的，客户买房也是量力而行、按需购买的。

小A：我明白了。

老Q：那接下来，我们来看看如何接待客户。一般接待客户有两种方式，你知道是哪两种吗？

小A：这我知道，主要有电话接待和上门接待两种。

老Q：不错，那你知道具体要如何接待吗？

小A：不是很了解，您还是给我讲讲吧。

老Q：好。

一、接听电话的要领

接电话是一门艺术，必须掌握一定的要领，才能做到有条不紊、忙而不乱。接听电话的要领如表7-1所示。

表7-1　接听电话的要领

类别	具体说明
接电话要及时	如果电话响许久才漫不经心地拿起电话，会让客户认为公司办事效率太差。一定要在电话铃响三声之内接听电话
明确说出公司名称	接听电话时必须说："您好，××公司，请问有什么可以帮您？"如果只是不礼貌地说一声"喂"，客户很有可能会重新考虑是否继续咨询，因为他会觉得你根本就不专业
了解所有二手房的基本资料	在接电话前，必须把二手房的资料信息（楼层、朝向、面积、入住时间等）记清楚，以便回答客户的提问
及时向资深同事或对该物业了解的同事求助	如果你刚入行，对有些情况不了解，必要时可向资深同事或对该物业了解的同事求助。但不能让客户等着，可以用闲聊的方式稳住客户，然后用手势告诉同事你需要帮忙

（续表）

类别	具体说明
先了解需求再进行推荐	有的客户没有在电话中指定物业，这并不是说他没有中意的物业，而是可能在考察你的推荐能力。这种情况下，你绝对不可以不经思考便胡乱推荐，必须先询问其要求，然后有针对性地进行推荐
防止同行假装买家探听信息	同行假装买家探听信息的状况早已屡见不鲜，记住一个原则，同行想探求的信息也就是你想探求的信息。如果在电话中遇到同行，则须灵活应变
尽可能熟记客户声音	用心记住客户声音，下次来电时直接道出对方姓名，客户会认为你对他非常关心，从而乐意向你咨询
重要电话必须事先演练	如果是重要电话，先进行演练是非常必要的，可以请同事帮忙，模仿客户提出问题由你解答，以减轻心里的紧张感
把握重点，以免通话时间太长	接电话要把握核心、切中要害，以节约双方的时间。但有些时候为了拉近距离，可以适当闲聊，但要注意尺度，更不可以舍本逐末
引导客户前来面谈	即将结束通话时，记得约请客户前来面谈。约请客户时，要清楚地告知客户会面的详细地址，最好能说出具体的交通路线，并且告诉他你将专程等候
及时填写来电登记表	挂断电话后，应及时填写“来电登记表”（见表7-2），记录该客户的信息，为销售分析及日后的客户追踪做好准备，并对重点问题进行妥善处理或上报

表7-2　来电登记表

日期	客户姓名	联系电话	预约时间	需求户型	需求面积	来电区域	询问焦点	了解物业的方式						其他
								报纸网络	电视电台	户外广告	门店条幅	朋友介绍	其他	

二、接听电话的主题

接听咨询电话时，首先需要明确客户所关注的焦点是什么，并针对这些焦点做好相应准备，从而让自己在面对客户电话咨询时胸有成竹。通常情况下，客户在电话里主要会咨询地段、户型、价格及付款、相关政策四个问题。

1. 地段

客户在决定是否购买的时候，地段是一个很重要的参考因素。因此，在发布任何一条房源信息时，置业顾问必须对该房源所处的地理位置有一个明确的认识。不可只是简单地知道它位于哪个区、哪个位置，而是应该对该地段的地理特征了如指掌，甚至包括该地段附近有什么设施、有什么显著建筑物、有哪几条公交线路等。

回答关于房源地理位置的问题时应掌握相应的技巧。即使是相同的地理位置，不一样的解说会产生不一样的结果。

比如，对于某些地段，如果你只是简单地说出区位，客户可能会提出“太远了，太偏了”；而如果你告诉客户说：“距离××商业中心只有五分钟车程”“那里的公交线路有十多条呢，很多车都经过那里”，那客户对该地段的认识就会更为深刻。

此外，对于一些较为偏远的地区，你可以以“高教区”“市政重点发展方向”“升值潜力大”等隐含的优势条件去有意淡化客户对地段的担忧。

2. 户型

地段是客户对大生活环境的选择，户型则是对居家小环境的选择。不同的客户有不同的需求，有的人由于经济实力等原因选择小户型，而有的人则会由于家庭人口原因选择大户型。置业顾问不但要清楚房源户型，还要掌握各种户型的结构知识，并能准确地表述出它们的特点，尤其是一些特殊的、新出现的户型结构，比如复式、跃层等。

3. 价格及付款

价格绝对是买卖双方关注的一个焦点话题。任何人都希望购买到物超所值的商品，没有人会愿意在买卖活动中“吃亏”。

在回答有关价格问题时，可以运用一些简单而有效的心理战术，因为客户通常会对最先接收到的信息做出直觉反应。

比如，对于单价高的小户型，尽量报总价而不报单价；对于单价低的大户型，则应报单价而不是总价。这样，客户对于价格的抗拒心理就会降低很多。

4. 相关政策

房地产作为影响民生的一个重要行业，国家总是在通过政策的调整引导其健康发展。一旦有新政策出现，置业顾问手头的电话就会比平日多很多。

比如，国家曾出台政策，规定二手房交易未满两年的再次上市交易就要征收5%的增值税。这个政策与普通百姓密切相关，很多人在决定买卖二手房时会先咨询一下置业顾问到底是怎么回事，搞清楚什么情况下该交增值税、税率是多少、该如何计算等问题。

老Q点拨

不要为每天接到无数的电话咨询感到厌烦，相反，要觉得这是自己的荣幸，因为客户是把你当作专家来对待的，否则他们就会找别人咨询了。既然是“专家”，你就要对这个行业了如指掌，必须熟知与此相关的政策法规，并能熟练地传达给客户。

三、提高电话约见率

1. 电话约客内容

电话约客一定要将图7-1所示的三点内容说清楚。

图7-1　电话约客的内容

2. 电话约客技巧

在给客户打电话时，必须事先精心设计好自己的开场白，要做到口齿清晰、言辞恳切、理由充分，陈述约见事由时简明扼要，切忌心浮气躁、咄咄逼人。尤其是客户不愿前来时，更要心平气和、好言相待，在约定的时候要积极、主动，不给客户拒绝、推托的机会。电话约见的语言艺术如图7-2所示。

图7-2　电话约见的语言艺术

相关链接

电话接待常见问题应答指南

1. 假如客户咨询物业具体位置、楼层等，我们需要全部解答吗?

答：（1）如果判断是真实客户，除特定房号、业主情况以外，有所选择地告诉客户物业基本状况，其他的见面后再商议。

（2）避实就虚，告诉他相同的房号、朝向和非本栋的栋号或不同的楼层，告诉他附近显著的标志，如花园、泳池、会所、游乐场等，其他的等见面时再详细介绍。

（3）可说在某大型建筑附近，不方便说出具体方位的，可以说在某楼以上。

2. 业主咨询房价，但又不留电话，说考虑一下再联系你，怎么办?

答：靠平时的业务积累与灵活的应变能力，及时给出物业合理售价，或周边类似物业市场售价，取得对方信任，才能留下对方电话。

3. 我公司暂时无适合客户的物业时，如何才能留下客户电话?

答：了解客户的详细要求，找出适合客户的物业进行报价，或者给客户比较好的建议，取得客户的信任，从而留下客户的电话。

第二节　客户上门接待

小A：没想到这电话接待还有这么多诀窍啊。

老Q：是的，你可别小看这电话接待，它对咱们的业绩起着重要作用呢。因为许多客户在网络、报纸上看到房源信息后，往往会先进行电话咨询，这个时候，电话接待的质量将直接决定客户是否有进一步的行动。因此，对置业顾问来说，要想走向成交，必须先学会如何接听电话。

小A：我明白了，以后我会注意这方面的。那客户上门后，接待时又有什么要求呢?

老Q：下面来看看吧。

一、招呼客户入店

客户来到店门口时，置业顾问首先要招呼客户入店。招呼客户入店的规范如表7-3所示。

表7-3　招呼客户入店的规范

服务项目	服务目标	服务语言	服务态度	忌讳
客户入店时，主动与他们打招呼	使客户感到被重视	（1）早上好 （2）请问有什么可以帮您	（1）眼神接触 （2）点头微笑 （3）立即放下手头工作，有礼貌地站起	（1）埋头工作 （2）不理客户
若客户站在门外观看或观望房源，主动出外招呼	提供超越客户期望的服务	您好！请问是否买房？让我介绍一下该房型好吗	（1）稳步走出门口 （2）询问式语气 （3）态度诚恳，留意客户的反应 （4）目光友善，面带微笑	（1）视而不见 （2）忽略客户
主动邀请客户入店	与客户建立长远关系	请进来参观，让我介绍一下我们的二手房	以邀请式手势邀请客户入店，主动替客户推门	若客户说“不”时，马上流露不悦的神色或自行离开
如遇熟客先行接待		×先生，今天休息吗？考虑得如何了呀？有什么可以帮到您呢	（1）关心口吻 （2）微笑 （3）语气温和	（1）机械式笑容 （2）过分热情

二、按照规范接待客户

客人入店后，置业顾问必须立即接待客户，接待客户的规范如表7-4所示。

表7-4　接待客户的服务规范

服务项目	服务目标	服务语言	服务态度	忌讳
客户到访时，主动打招呼	使客户感到受重视	（1）早上好 （2）您好！请问有什么可以帮您	眼神接触	埋头工作，不理客户
如遇熟客，以前接待的置业顾问应主动接待	与客户建立长远关系	×先生，决定买哪套房子了没有	（1）点头微笑 （2）立即放下手头工作，有礼貌地起身	机械式笑容或过分热情

（续表）

服务项目	服务目标	服务语言	服务态度	忌讳
主动邀请客户坐下，自我介绍并询问客户姓名	让客户感受到被尊重，使之安心了解楼盘资讯	您想看看还有什么单元可选择，您先坐，我帮您查查	语调清晰、语气温和	视而不见、态度轻浮
要求客户作登记	方便跟进	我姓×，这是我的名片，请问先生您怎么称呼	（1）有礼貌地邀请 （2）双手持名片，正面朝向客户送上	（1）命令式的语气 （2）倒转名片或单手送上
留意客户是否有人陪同，主动提供茶水	为客户提供细致的服务	您好，请坐！请先喝杯水	友善态度、眼神接触	只招呼一位客户，对其身旁的亲友不予理会

三、做重点项目的介绍

接待了客户后，应向客户介绍重点项目，介绍时的要求与注意事项如表7–5所示。

表7–5　重点项目介绍要求

服务项目	服务目标	服务语言	服务态度	忌讳
主动提供销售资料，介绍项目	（1）提供专业知识 （2）视客人动机选择推荐信息	这套房子在××地区，那儿是未来的市中心	专业口吻，态度要诚恳	（1）心不在焉 （2）转动手中笔 （3）过多使用术语
为客户分析不同二手房的资料	进一步有针对性地进行推介	现在××楼售价大概××万，一些多层项目售价××万	逐一发问，询问语气	过于主观、坚持己见
判断客户的购买动机，介绍合适的二手房		考虑自用或是投资呢	从朋友的角度去发问、沟通	向四周张望；插问、不耐烦
多利用销售资料、模型等素材进行生动介绍	帮助客户理解	是啊，这附近有很多娱乐及购物场所，如××	点头，微笑，主动回应客户	

相关链接

接待客户的技巧

在接待客户时，必然会有一些技巧，以下介绍一些接待客户的技巧。

1. 权威效应

利用自己对社区和交易环节的了解，用专业知识去征服客人，让客人依赖你、信任你。

2. 投石问路

有些客户上门之后，对自己的需求也不是特别了解，这时就先推荐一套不错的房子，看看客户的反应，以得到其真正的需求。

3. 制造紧迫感

给客户制造紧迫感，让他们感觉到房子不定下来很可能立刻就没有了。

4. 草船借箭

当客户想要的房子暂时还没有的时候，可以推荐相似房型，并趁机请客户留下电话号码，以便有房的时候及时联系他。

5. 苦肉计

有时客户因为怕中介骚扰，不是很想留电话，这个时候就要采用这个战术，可以告诉客户，留不下客户电话相当于白辛苦了半天，公司不承认自己的接待工作，而且会受相应的惩罚，请客户帮一下忙留下电话。

6. 反向思考

有时候，客户死活不留电话，这个时候该怎么办呢？可以给客户留下自己的名片！

有一次，门口经过一个客户，置业顾问小李上前介绍了当时店里一套楼房，当时客户听了介绍，感觉比较有意向，但就是不留电话，估计是被其他中介给骚扰烦了，最后小李把自己的名片递了一张给她。本来不抱什么希望，没想到第二天客户给小李来了个电话，当即看房成交。

7. 投其所好

接待的时候和客户谈论他感兴趣的话题，在客户的爱好上与他取得共鸣，这样客户就会更愿意与我们合作。当然，这就要求置业顾问在平时尽可能多关注些各方面的知识，尽可能做到博学。

8. 峰回路转

有时候你以为没有办法了、没有房子看了，你可以将客户以前看过的房子再重新推荐一遍，客户的需求和心态可能会变，可能他以前觉得不合适的房子现在又觉得合适。

第三节　与客户面谈

小A：看来做任何事都是有技巧的，开发客户如此，接待客户也是如此。

老Q：是的。咱们这一行属于服务行业，每天要面对各种各样的人，掌握一定的诀窍很有必要。

小A：明白。那您就多教我一些这类诀窍吧。

老Q：好。

一、与客户面谈的时机

要想获得客户，置业顾问必须学会主动出击。但出击必须掌握好时机，否则就会欲速则不达。

1. 最佳接近时机

置业顾问与客户的最佳接近时机如表7–6所示。

表7–6　最佳接近时机

序号	时机类别	具体说明
1	事先约定的时间	有些客户有比较强烈的买房意愿，置业顾问可在电话中提出约见时间与地点。地点一般为比较安静的地方，比如茶馆、公园、酒店等地方，最好不要选择业主所在地点，以防业主与客户私下沟通，时间最好为周末
2	客户过生日或者聚会	有些客户对于买房还持观望态度。对于这类客户，可以选择在其过生日、小孩满月等时机前去拜访。去时最好带上礼物，客户有小孩的须给小孩准备一些玩具之类的东西。可以在这段时间内给客户讲一些业务范围之内的知识。如果客户意向还是不坚决，没关系，只要你介绍了，客户就记得你了
3	选择空余时间	如果不是空闲时间，客户是懒得理你的。所以置业顾问在拜访客户时，需根据不同的客户挑选不同的时间，这样才不会引发他们的反感

老Q点拨

如果想获得客户的好感与约见，千万不能仅以自己的工作方便来考虑，必须配合客户的时间。

2. 最佳沟通时机

置业顾问与客户的最佳沟通时机如表7–7所示。

表7–7　最佳沟通时机

序号	时机类别	具体说明
1	当客户长时间凝视某个地方时	一般来说，在举办大型的二手房销售活动时客户比较多。当看到有客户驻足观看或是很出神地观看房产模型、介绍书时，置业顾问可抓住时机接近该客户，因为他很有可能就是为了买房子而来的
2	当客户注视资料或房源图纸一段时间时	客户注视资料或房源图纸一段时间，偶尔四处张望，那他很可能是在寻求帮助。这时，置业顾问要热情地同客户打招呼并主动展开话题
3	当客户突然停下脚步时	与客户一起行走时，客户突然停下脚步，则表示他正在思考某个问题，这时，置业顾问可趁机引入话题
4	当客户寻求置业顾问帮助时	如果有客户向置业顾问寻求帮助，那对于置业顾问来说简直是天赐良机，只要置业顾问态度诚恳，这笔交易就能轻易达成了

二、与客户面谈的技巧

置业顾问的成功并不是把客户"捕获"到面前，而是想办法让客户接受自己的中介服务。如果客户来到面前却丢失了，那你失去的就不仅是客户，还有你之前为其所作的一切努力。

1. 观察客户

观察是一门艺术，在与客户的面谈中，置业顾问要学会观察客户的反应，从而不断地从客户那里获得各种不同的信息，促使面谈顺利进行。观察客户的技巧如图7–3所示。

1 客户是否倾听 → 面谈中，如果客户在正视你或仔细观察房子，那就代表客户对你推荐的房子有兴趣，这是一个正向的购买信号，反之则是反向警示

2 客户的身体语言 → 若客户身体向前与你靠近，谈话一段时间后进入沉思状态，则表明该客户进入考虑购买阶段；若客户不断变换姿势，则是反向警示

3 客户的问题与要求

若客户不断提出问题，则表示对房子很有兴趣，置业顾问要辨识问题中所代表的购买信号，然后针对问题给予专业的解答，同时做好交易准备

4 第三者的信号

若客户与第三者商量时表现出愉快的态度，则是正向的购买信号，反之则是反向警示

图7–3　观察客户的技巧

2. 揣摩客户

观察客户后应进一步揣摩客户的心理，这样有助于置业顾问掌握客户的特点和动机，从而能够在推介房源的时候做到有的放矢，提高成交的概率，具体要点如表7–8所示。

表7–8　揣摩客户心理的要点

序号	揣摩要点	具体内容
1	性格	揣摩客户的性格，有助于突破客户的心理防线。客户态度强硬，则需要置业顾问的肯定和引导；客户细致，则置业顾问要更细致；客户犹豫不决时，置业顾问要协助客户作出决定
2	经济实力	从客户的着装、配饰、使用的交通工具等来判断他的经济实力。了解客户的经济实力，可以使置业顾问的建议更显专业，更能切中他的承受能力，让客户感觉轻松和安全，并增强对自己购买行为的信心
3	情感世界	与客户的交往实际上也是心灵的交往，要学会用心灵、真情赢得客户的尊重和好感。揣摩客户的感情世界有助于置业顾问找到客户所喜欢的姿态或形象去与他接触，在短时间内取得他的好感和信任

3. 注意倾听

了解客户要从“听”开始，通过倾听知悉客户的动机及观念，洞察客户的真正心声。而要学会“听”，首先就要端正自己的态度。端正态度可从多方面入手，具体要点如表7–9所示。

表7–9　端正态度的要点

序号	倾听态度	具体内容
1	心无旁骛	与客户沟通时要放下手头的工作，心无旁骛地听，让客户感到被尊重，这样才能进行有效的沟通

（续表）

序号	倾听态度	具体内容
2	衷心接纳	无论客户向你倾诉什么，作为置业顾问，都要首先做到设身处地为客户着想，让客户感受到你对他的尊重和接纳，这样客户才容易接受你
3	听事实听情感	倾听不仅要听清客户讲话的内容，还要给予客户好的感觉。对置业顾问来说，不仅要听出客户传递的真实意思，更要听出客户传达的内心情感
4	耐心	听话不能只听一半，否则很容易伤害对方的自尊和感情。作为置业顾问，耐心倾听客户的话，就是告诉客户“您是一个值得我倾听的人”，这在无形中加强了彼此的感情交流，为最后的成功创造了和谐融洽的环境和气氛
5	设身处地	认真地听很重要，但要想真正理解客户所说的内容，必须站在对方的角度去听、去理解。用心地听、设身处地地听，就能想客户之所想，急客户之所急，必定能获得客户的欢心

4. 学会发问

有技巧的提问能够引发客户较深入、详尽地回答置业顾问的问题，置业顾问也能够从中获得更多的信息，更有利于推动洽谈的进展，促使交易成功。置业顾问发问的技巧如表7-10所示。

表7-10　发问的技巧

序号	技巧类别	具体内容
1	把握好提问的前奏	如果置业顾问打算提出客户可能不愿回答的敏感问题，运用一个前奏就能改变客户的想法，让他知道回答你的问题是必要的。例如，提问客户的资金预算时，可以加一个这样的前奏：“为了给您推荐一套最合适的房子，我想知道您大概能够接受的价格范围”
2	以肯定的语气开头	洽谈时用肯定句提问，提出一个令客户感到惊讶的问题，是引起客户注意和兴趣的可靠办法。或者把你的主导思想先说出来，在这句话的末尾用提问的方式将其传递给客户。如果运用得当，说的话符合事实而又与客户的看法一致，就会引导客户说出一连串的“是”，直至成交
3	从一般性问题开始	逐渐深入询问客户时先从一般性的简单问题开始，逐层深入，以便从中发现客户的需求，营造和谐的气氛，为进一步的推销奠定基础
4	提出明确的问题	避免提过于复杂、冗长的问题，要简单明了、不啰唆、不拖泥带水，以便客户理解和回答

（续表）

序号	技巧类别	具体内容
5	客观地提问题	提问的主要目的是了解客户的真实想法，而不是诱使客户作出某种承诺或强迫客户接受我们的想法。所以，提的问题必须具有客观性
6	用温和肯定的语气提问	提问的语气不同，对方的反应就不同，得到的回答也就不同。所以，置业顾问在向客户提问时要特别注意自己的语气，尽量温和友善
7	适当地保持沉默	与客户沟通时，适当的沉默也是十分必要的。向客户提问后，保持一小段时间的沉默，正好能给客户提供必要的思考时间，从而促进谈话的顺利进行
8	反问能够扭转局面	如果客户提出的问题让你不知道怎样回答，这时你可以选择实事求是，切忌不懂装懂；或者反过来提问客户，让客户说出他是怎样看待这个问题的，而这通常就是他希望得到的回答，你也就正好可以据此投其所好

第八章

如何做好成交管理

8

第一节　带客看房

老Q：怎么样，小A，教给你的这些诀窍还管用吧？

小A：实在是太管用了。

老Q：这些都是我们在实际工作中总结出来的，一般人我还不告诉呢。

小A：那太谢谢了，我听了后真是受益匪浅。

老Q：哈哈，你掌握了就好。现在我们来看看如何带客户看房。

小A：好。

一、带看前的准备

1. 与客户约好看房时间

和客户约定看房时间时，置业顾问可以这样问：“×先生/小姐，我帮您找到了一套房子，在××地方，房子各方面的条件都跟您的要求比较吻合，不知您今天下午四点还是五点有时间看呢？”设定两个时间让客户选，成功的概率会比较大。如果客户推说没空看房的话，应当马上落实下次看房时间。

2. 与业主落实看房时间

约好客户之后，应马上落实业主的看房时间，如客户与业主的时间不能达成一致，则必须马上协调，直到约定在同一时间。

老Q点拨

约业主要约时间段，而约客户则要约时间点。也就是说，我们在约业主时可以对他说：“×先生/小姐，我们的客户会在几点到几点或者几点钟左右去您那里看房。”时间段不宜过长，最好不超过半个小时。而约客户则要约时间点，要一个准确时间，几点就是几点。

3. 看房前的铺垫工作

置业顾问在带看前都会做一些必要的铺垫工作，一般习惯称之为“打预防针”，具体如表8-1所示。

表8–1 看房前的铺垫工作及注意事项

铺垫工作	要求及注意事项
与业主沟通好	（1）带看前最好先和业主打好招呼。如果客户问价钱，就让客户直接找中介谈，可以这么跟业主说：“×先生，我们一般情况下会跟客户把您的房屋价格说得高一点，因为我们也想卖高点，多收取一点中介费。另外客户看了您这个房子之后肯定也会杀价，所以客户如果问房屋卖多少钱的话，您只要说‘已经委托给中介，与中介谈就行了’” （2）跟客户交代不要直接和业主谈价钱。可以说：“您看好房子了，不要直接和业主还价，您想出什么价格回来和我们说，我们去帮您谈。如果您直接还价的话，业主会觉得您肯定看上他的房子了，价格就不容易谈下来，对您是非常不利的”
了解看房人数	看房前要了解客户是多少个人来看房，如果是多人看房，而业主又住在里面，那就有必要让同事帮忙一同去看房，防止买卖双方通过小纸条等方式互留联系电话，造成跳单
进一步了解房源	如所属小区的规模、周边环境、交通情况等，并且尽可能地到该小区走一遍，目的主要有以下两个 （1）选择带看路线。从店里到该小区一般有几条路线，有的繁华，有的幽静，有的脏乱差，这样可避免因路线不熟给交易带来不必要的障碍 （2）熟悉小区周边情况。只有熟悉该小区周边情况才能选择好约客户见面的地点，尽量避开一些中介公司密集的地方
带齐物品	带看前需准备的物品有：名片、买卖双方的电话号码、看房确认书等
时间准备	自己的时间准备要充分，不要迟到，更不要失约。临时有急事确实赶不上时间的话，一定要给客户打电话，并表示歉意

老Q点拨

每次带客户看的房子不能过多，最好不多于三套，一般的顺序为：较好、最好、最差（只有两套的话，先看好的后看差的）。这个排序会给客户造成心理影响，而促使其最终选定最好的一套，也就是你准备主推的那一套。

二、带看过程的要求

带客户看房子时可能要先走一段路，到了楼盘那里，若有电梯，则要乘电梯，没有电梯的话，则要爬楼梯，这一过程短则几分钟，长则要半个小时。这是展现置业顾问销售技巧的过程，这一过程若没有闪失的话，你离成功就更近了一步。

1. 带看过程要求

带看过程中的要求如表8-2所示。

表8-2 带看过程要求

过程类别	具体要求
在路上	（1）在带看路上要注意与客户多交谈，鼓励对方自我展示，同时置业顾问要诚实、坦率。要积极提问，从客户的回答中获取需要的信息，巧妙地问一些客户感兴趣的问题，还能取得客户的好感。有时提问也是一种手段，可以将客户从偏离的话题中拉回正题。再者，通过你与客户的交谈，也可以让客户慢慢熟悉你，并逐渐对你产生信任感 （2）路上你还可以适当地说说预订的作用，如“好房子一定要迅速下订，不然很快就会被其他人买走”等，为以后促使客户下订做好铺垫
乘电梯	看电梯房的时候，必须注意进电梯时要让客户先进，出电梯时也要让客户先出，避免客户被电梯夹住
爬高层楼梯	如果看的楼没有电梯，可以在走到四五楼的时候就在楼梯平台那里停留一会儿，缓一缓，让客户感觉上高层楼梯也不是非常辛苦。停留的时候介绍其他的一些东西，如外面的风景之类的，千万不要说“太累了，休息休息吧”这样的话
进房后	（1）不用介绍买卖双方认识 （2）看房时根据情况紧跟着客户和业主，防止客户和业主互留电话。如果发现业主和客户互留电话则马上阻止 （3）向客户介绍房子时，对于客户指出的缺点不要过分掩盖，利用话题将其注意力引到房子的优点上来，并且告知客户世上没有十全十美的房子 （4）如果客户有意向，一定要趁热打铁，引导其下订。如果客户对房子不满意，就根据其需求进行进一步的、有针对性的带看

2. 带看过程中的注意事项

在带看过程中一定要注意以下事项。

（1）不要让客户和业主有过多的接触和交流。

（2）带看完后尽量将客户拉回店里面或者一定要将客户送走，以防止客户回去和业主私下接触，导致跳单。

（3）客户一旦对房子产生了浓厚兴趣，就要引导其马上下订，不能拖，一定要趁热打铁。一般的做法就是把客户拉回店里面，常用的理由是：“我们回店里面休息一下吧，我给您算一下买这个房子还需要什么其他费用。”回店之后就可以跟客户慢慢谈，引导客户下订。

（4）制造一些紧张的气氛。可通过以下方法来营造：如果是有钥匙的房子，则可以安排多组客户在同一个时段看房，时间间隔几分钟，营造热销气氛；明确告知客户，该房已被多名客户看中，不马上下订的话下次来很可能就没有机会了。

3. 带看后的工作

在带客看完房后，要做好以下工作。

（1）检查门窗、水、电源等是否关好。

（2）与客人探讨所看房屋是否达到或接近他的要求。

（3）如果客户不能明确地答复时，则应尽量了解客户的想法，从而为下一步的跟进做好铺垫。

（4）与客人预约下次看房的时间。

三、带客看房的技巧

置业顾问要做好带客看房工作，在客户满怀期望的时候给客户留下良好的第一印象。

1. 带看准备技巧

置业顾问在见到客户前要做好准备工作，具体如图8-1所示。

工作一	要守时，最好提前几分钟到，并做好迎接准备
工作二	注意仪容仪表，男职员要打领带，女员工不能着奇装异服，夏天不能衣着暴露
工作三	对该小区的一些情况进行一定的了解，带看前最好了解房子的基本情况，如户型、装修等，做到心中有数
工作四	提前想好带看路线和看房过程中要提出的问题
工作五	思考怎样把房屋的缺点最小化、优点最大化
工作六	如带看的是有人住的房子，提前20分钟左右到房东家中与其进行沟通，为看房后成交打好基础
工作七	在约客户看房时地点必须约在附近，千万不能约在此房的楼下，提前5分钟在约好的地方等客户，让客户填写看房单，并且告知他们公司的佣金政策

图8-1　见到客户前需要做好的准备工作

有些时机不宜带客人去看房，因此不要客人提出看房要求你就兴高采烈，而是要充分地考虑相关事项（如表8-3所示），以保证事半功倍。

表8-3　带客看房注意事项

事项类别	原因解析
下雨天不带看	下雨天一般路不好走，尤其是一些交通不太好的路段，而且下雨天对室内的光线也会造成一定的影响，会显得室内很暗
一次不带看太多房子	看得太多，客户会眼花，会拿此房的优点与彼房的缺点比，会给后期的回访工作造成一定的困难
尽量上午带看	上午是光线最好的时候，而且上午是一个人精力比较充沛的时候，即使路途稍远或是楼层高点也不会觉得很累
带看时选择走大道，不走小巷子	有些地段是很偏僻的，而且路线也不好走，容易让客户对房屋失去兴趣。因此在带看过程中一定要仔细研究路线，不要图自己方便造成销售困难
楼层高的房子要慢慢上	在带看楼层高的房屋时要尽量放慢速度，跟客户找一些话题聊天，分散客户注意力，使其不觉得楼高，以利于成交
差异性带看	差异性带看主要是针对没有主见、对房屋比较茫然的客户。对于这种客户，先带看一套房型和光线都不太好的房子，再带看一套房型和光线都不错的房子，产生强烈的反差，从而促成交易

2. 带看过程技巧

置业顾问在见到客户后，就要充分运用技巧来带看了，具体如图8-2所示。

- 技巧一：可先于客户指出房子的缺点，显得你为客户着想，以便取得客户的信任，但应立即用更大的优点来掩盖缺点，转移其注意力
- 技巧二：进入房间后，让客户自己看、自己思考，不要让客户产生强买强卖的感觉
- 技巧三：随身携带名片并找机会将其送给客户
- 技巧四：在带看过程中，可以和店里同事配合，比如让同事带其他客户也来看此套房子，以便让客户产生紧迫感
- 技巧五：如果是需要改动的户型，置业顾问可以建议客户怎么改动、怎么装修

图8-2　带看过程技巧

3. 重复带看客户的处理技巧

很多客户都喜欢当天看完后回家考虑，并且让家里人及从事房产这一行的朋友提出一定的意见。针对这样的客户，置业顾问要做到以下几点。

（1）准确地配对，让客户找到一套满意的房屋。

（2）带看前告知客户带看不收费，但费时费力，希望他把能做主的人都带上。

（3）在带看过程中对客户进行技巧性销售。

4. 回访工作技巧

置业顾问根据情况安排回访时间，询问客户意向，告诉他现在还有人在看房，促其尽快作决定，再借其他客户之口报价，约他到店里来详谈。若客户表示还要考虑一下，不要强买强卖，要表示理解，但一定要让他抓紧，否则有可能会失去这套房子。若看不出这个客户的购房意向，可以推迟两天再做回访。

四、避免带客看房常犯的错误

下面介绍的是带客看房时容易犯的错误，置业顾问在带客看房时要尽量避免犯这些错误。

1. 过于迁就客户

客户买房时通常都会比较谨慎及犹豫，这就需要我们进行推动，约客看房时不要问“您什么时候有时间看房”，这样问大部分都会得到同样一个答案：“有时间再约吧。”因而，约客看房时，置业顾问一定要直接问他：“您是上午有时间还是下午有时间？”尤其对于一些热销二手房，如果约客约得晚，就只能看着别人成交了（我们一定要把这些信息巧妙地传递给客户，让其产生紧张感，然后抽时间来看房）。

2. 见面不知如何沟通

有些置业顾问与客户见面时不知如何沟通，主要表现如表8-4所示。

表8-4　与客户见面不知如何沟通的表现形式

表现形式	具体细节
害怕、怯场	如果自信心不足，会令客人对你信心不足，不敢将置业大事托付于你
不知道应该讲什么	由于行业知识不足，或者以往与陌生人接触不多，就不能营造轻松愉快的谈话氛围
不敢介绍	在接触客人的过程中，因为害怕讲得越多错得越多，往往会保持沉默，甚至经常出现冷场。这种情况会令客人不想和你沟通，觉得你很冷淡，导致看楼后很难再跟进

（续表）

表现形式	具体细节
不知怎样提问	很多经验不足的经纪人只会问客人贵姓、需要何种类型的房屋、购房的预算等。这些问题也一定要问得有技巧，不能单刀直入、不加修饰。其实客户初次接触我们，最容易被套出心底话，因为客人都希望我们能帮到他，所以他们很乐意提供资料，因此，懂得怎样提问题非常重要

3. 不熟悉环境与楼盘，胡乱吹嘘

不熟悉环境与楼盘的表现如表8-5所示。

表8-5　不熟悉环境与楼盘的表现

表现形式	具体细节
不熟悉环境	对于楼盘的周边环境不熟悉，当客人忽然提出一些问题时，往往哑口无言
不熟悉楼盘	对于客户来说，他们认为置业顾问就如电脑一样，问你楼盘资料时你必须能及时回答，否则客户对你的印象就会大打折扣，所以置业顾问一定要对所负责的楼盘非常熟悉
不熟悉房龄、户型、面积等	这一个弱点会令客户失去信心，买房是人生大事，每个客户都会有很多疑虑，如置业顾问的回答不能令客户满意，客户就会怀疑你的专业性和业务能力
不熟悉所推荐房屋的详细情况	客人想进一步了解你所推荐房屋的详细情况时，如果你都说不出来，客户会没有信任感
怕答错问题	置业顾问在和客人交流的过程中，应大胆假设、小心求证、勇于交谈。不小心讲错时，可以诚恳道歉，继而及时提供正确的答案

4. 不了解客户真正需求

置业顾问应了解客户的真正需求，具体如图8-3所示。

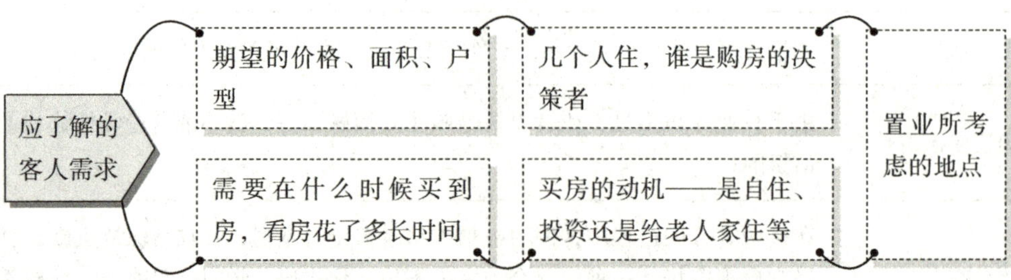

图8-3　应了解的客人需求

5. 只管带路，不会解说

（1）进到房屋里面时不知讲什么

看房时，有些置业顾问因为对楼盘不熟或怯场、经验不足，往往不知道怎样介绍，或者一味地说好话，甚至有时遇到单位景观不好、装修破烂都不知道怎样解释，导致客人对房屋印象模糊甚至差劣，又让业主觉得你没有能力帮助他，两边不讨好。

（2）不知道业主姓名

业主也是我们的客户，他也同样给我们佣金，如果你记错业主姓名，就会错失一个给业主留下好印象的机会，以后谈价时就不能营造出好的氛围。

（3）不知业主背景、放盘的原因

很多时候客人都很想知道业主为何卖房，所以要多了解业主的背景，这有利于说服客户，拉近与业主的关系。

老Q点拨

> 在看楼时，要善于察颜观色，关注业主和客户的反应，了解房屋的优劣。当发现某方特别想买或者特别想卖时，应及时采取相应措施。

6. 不懂报价

当客人问到一套房子的价格时，有的置业顾问不知道怎样报价，报得太高怕把客户吓跑了，报低了又怕客人还价时没有空间。其实，如果你感觉到客户已经非常了解行情了，你就报一个实际一点的价格，这样有助于客户作出判断。请记住：比“最低价”叫高一些，永远好过无价可还。

7. 看楼后不送客

现在地产中介店铺林立、同行遍地，看完房后应尽量把客户送到停车场或送上车，这样就避免了被同行拦截的可能。

8. 看完就走

有的置业顾问在带客看完房后就走了，也不关闭窗户、锁好大门、关掉屋内所有的水电设施，这很容易给客户留下不负责任的印象，从而影响他对你的信任。

9. 没有向业主回复客户的情况

带客户看完房后一定要向业主回复客户的情况，顺便利用客户所说的房子的缺点向业主压价（此举能够借客户的意见来打击业主的信心，为日后的杀价打好基础）。

五、带客看房时要注意自身的安全

在陪同客户去看房时，有可能会发生安全问题，尤其是女性置业顾问。因此，必须做好以下防范措施。

（1）当着客户的面告诉同事，自己陪客户去哪里看房，大概什么时候回来。

（2）如果是带多名客户一起去看房，记住要带到一些规范的小区。如果可能的话，邀请一个同事随行。

（3）和房主约定看房时间，让他在家里守候。

（4）劝说客户看房不要去太多人，一两个人就可以了，以免太嘈杂，引起房主的反感。

（5）通过言谈举止判断客户是否是真的买主。

第二节 议价与定价

小A：这带客看房的学问还不少呢。

老Q：是的，带客看房是置业顾问对客户进行深入了解的最佳时机，它的效果好坏直接影响到成交与否，带客看房把握得好了，能对客户的需求和购房心理有更清楚的了解，对后续的工作有非常大的帮助。

小A：这我明白。有些客户在看过房后确实也有购房意向，可他要讲价，这该怎么办啊？

老Q：这很正常，买家都希望自己能以最优惠的价格购得，而卖方都希望能以最高的价格卖出。这时，就需要咱们置业顾问从中周旋，以便达成最后的协议。

小A：哦，那您给我讲讲吧。

一、议价的前提

议价的前提是带客户看完房后，客户表现出强烈的购房意向。当客户表现出这方面的意向时，置业顾问应该做好以下工作。

（1）应将客户立即带回公司。

（2）再次肯定和赞扬客户的眼光，适时地对客户描绘买下该房产的前景和利益，增强客户的购买欲望。

（3）到达公司后，礼貌地请客户到洽谈室就座，并及时送上茶水。

（4）向客户介绍公司的概况和售后服务的完善，提高客户的信任度，打消其后顾之忧。

（5）根据带看现场过程中客户的神情举止，针对客户认同的房产优点，有序地引导客户洽谈购买事宜。

比如："×先生/小姐，这个小区的环境好不好？"

"对这套房子感觉怎么样？"

"户型满意吗？"

"采光好不好？"

要抓住已有的优势及有利条件，让客户做肯定式的回答；得到客户的肯定回答后再继续逼近主题。

比如："×先生/小姐，既然您对这套房子很满意了，那房子的价格是不是可以接受？"

二、与业主谈价

谈价是房地产交易中重要的一环，是比较复杂的一个步骤。置业顾问与业主谈价时要运用以下相关技巧，具体如表8-6所示。

表8-6　与业主谈价的技巧

技巧	具体内容
陈述房屋的缺点	陈述房屋的缺点（如户型格局、周围环境、采光、装修、裂缝、漏水等），告知其开出的价位有问题
比较市场行情	列举近期成交的案例，引导业主给出较合理的价位
更换谈判的人	如果谈判陷入僵局，不妨换个人试试，也许能柳暗花明
更换谈判地点	原先在业主家里谈，环境由他控制，可以换个场所试试，比如请业主来一趟公司，或请到咖啡厅喝杯咖啡。因为换了地点也换了气氛，在价格沟通方面也许会有突破
调停者适时介入	当谈判陷入僵局，可以请对方信任或专业的人从中调和
一人一半，大家都公平	在建议价格时，将其中的价差来对半处理，不断强调其实差的不多，双方各让一半
投其所好	有些人喜欢听好话，正所谓"礼多人不怪，嘴甜人人爱"。以赞美的语句来调和业主的情绪，再乘机做价格方面的沟通
利用好时机	如刚好遇上新政策出台或者市场淡季等，可以用大环境来向业主施加压力

三、与客户谈价

1. 适度坚持价格

如果不经过一番磨价，谈判刚开始就主动让价或很快就失去了耐心，那置业顾问在谈判中肯定会失去主动权，被客户牵着鼻子走。坚持价格时可采取一定的方法，具体如图8-4所示。

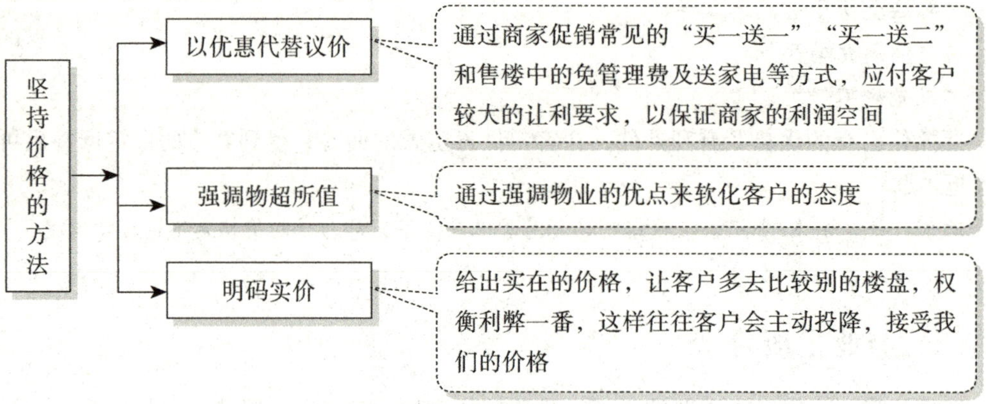

图8-4　坚持价格的方法

2. “一次出价”探底价

“那你认为多少价钱适合呢？”这样就可以问出客户心目中的价格，达到先发制人的目的，从而取得谈判的主动权，从容地面对客户。

3. 遣将不如激将

谈判谈得差不多了，如果客户提出的价格又在底价之上，置业顾问不妨来个激将法：“如果是这个价格，您现在就能定下来吗？如果可以我就请示经理（上司）！”若回答是肯定的，置业顾问就要快刀斩乱麻，以免夜长梦多。

四、对方出价时的应对技巧

有时候会遇到对方先出价，这时可采取以下应对技巧。

（1）不断强调房屋、环境或其他优点的价值。

（2）如果客户提出的价格已经可以答应，则可以提出一定的付款条件并答应他。

（3）若客户还没仔细看房屋就问底价，可回答：“您先看房子再说，业主的开价很合理，保证您会满意。”

（4）若客户看完房子才问底价，可转移问题：“您觉得房子还满意吧？这房子的优点是……您能付定金吗？”

五、谈价过程中的棘手问题

谈价过程中，不管客户要求低价的理由是什么，置业顾问都要坚持“我方给出的是合理价格”的立场。最棘手的是买方不出价，或说最多便宜多少、你们的底价是多少。买方不出价的原因有很多，常见原因及其对策如图8-5所示。

买方不出价的原因	对策
不喜欢	针对产品、大小环境优点再作介绍；针对客户心理、弱点、喜好再作有针对性的推荐
购买预算不够	建议客户提高贷款额度，或变更付款方式
诚意不够	找出原因对症下药
太过犹豫	采用感情攻势，帮他下决心；采用其他促销方式，迫使他作决定
厉害型客户（探底价或大杀价）	要沉住气，只谈优点，不谈价格；多作促销
客户无决定权或权力不够	找到有权力者，再作推荐
客户购买欲不够	想方法提高对方的购买欲，如发现购买欲望不足的原因，对症下药

图8-5　买方不出价的原因及对策

六、引导客户谈价

1. 引导客户谈价之前的准备工作

置业顾问在开始接待客户时，应时刻观察客户的心态转变及喜恶。我们其实可以从客户的言谈及动作行为上，洞悉“购买信号”的出现，具体如图8-6所示。

1 言谈

· 业主这套房价格可降多少
· 房子附近晚上嘈杂吗
· 邻居的素质如何
· 交通配套完善吗（如果乘车到××要多久）
· 佣金可否打折
· 这幢楼出售/出租的比率如何（闲杂人多不多）
· 有没有漏水、渗水的情况
· 物业管理费是多少

2 动作行为

· 开关水龙头
· 拉水冲马桶
· 与置业顾问商量如何装修
· 用手摸墙壁（查验湿度）
· 查看走廊端的防火门及防火通道

图8-6　言谈举止反映的“购买信号”

如果房子正在出租，客户可能会问以下问题。

（1）业主为人怎样？是否住在附近？

（2）租金及押金一共多少？

（3）这套房空置了多久？

（4）上个租客是什么人？是合约满才搬还是提早迁出呢？

2. 让客户下诚意金（订金）

置业顾问在谈判过程中，应明白只要客户一日未缴付诚意金，无论怎样商讨细节都是空谈，客户可以随时反悔。置业顾问应了解诚意金在谈判时的重要性。

（1）可以了解客户的诚意。

（2）客户交付诚意金后，再四处找其他地产公司的可能性不大。

（3）向客户解释业主平日一天都会接到很多还价的电话，但都是空谈的，只有缴付了诚意金，业主才会真心实意地和你谈价钱。

七、向业主还价

每一个业主都希望自己的房子能售出高价钱，这是可以理解的，但要注意，当我们知道客户的还价后，不用马上告诉业主，我们应做好准备还价的工作，因为向业主还价很大程度上会影响整个交易的成败。在还价之前，置业顾问首先要深入了解客户及业主，如双方的家庭背景、经济状况、工作地点、心态、急切程度等，然后再采取相应的行动。

置业顾问在还价过程中，要注意以下几个事项。

1. 兴趣甚大

置业顾问切勿向业主表明客户对其单位十分有兴趣，只可表示在其考虑之列，否则很难杀价。

2. 放价太快

就算客户肯付出的价钱跟业主的售/租价相同，置业顾问也应尽量留价在手，作为谈判筹码。因为业主一日未签合同及收取订金，都有可能随时变价。

3. 害怕被拒绝

其实无论客户还的价钱多低，置业顾问都有责任让业主知道，可能业主肯接受此价钱也说不定。置业顾问切勿将太多主观的情感放在谈判交易当中，应该客观、耐心地向业主解释这是客户的要求，我们中介是有责任将客户的“价格要求”汇报给业主的。

4. 懂得收放自如

置业顾问有时过分逼客户加价及无理地要求业主降价，会令客户及业主反感，使谈判过程触礁。置业顾问应懂得通过双方的背景、交易目的、经济能力、家庭状况等因素，合理设定要客户加价和业主降价的理由。

第三节　适时促成交易

小A：咱们置业顾问真不容易啊，既要让业主满意，又要让客户满意，还得练就一定的议价本领才行。

老Q：不错，咱们房地产中介的目的是撮合买卖双方达成交易，一切都要围绕交易展开。前面做了那么多工作，都是为促成交易做铺垫的。那接下来，我们就来看看如何寻找合适的时机促成交易。

小A：好，您给我讲讲吧。

一、快速促成交易的技巧

为了促成交易，有必要对客户采取一些特殊的措施，如通过“逼”的方法让客户快速作出决定。当然，这儿的“逼”不是传统意义上的“强迫”，而是指给客户一些心理暗示或引导，使他主动地签约成交。下面是一些惯用的快速促成交易的技巧。

（1）针对客户的背景和当下的市场环境，给客户分析买房的必要性。

（2）针对客户的需求，告诉客户这种房就此一家，过了这个村就没这个店。

（3）针对客户的购房动机，告诉客户无论是买还是租现在都是非常适当的时机。

（4）强调房屋、周边配套、环境的优点，展开攻势。

（5）强调房屋的升值潜力，如附近的重大公共建设、政府公共设施、学校等。

（6）说服业主重新装潢房屋，增加房屋附加值，提高售价。

（7）若现实情形许可，提高房屋贷款金额，减少首付款，加快成交速度。

（8）代为设计房屋，如建议在屋角摆设花柜、在玄关摆设壁画等，让买主产生美好联想。

（9）强调交易的安全性和可靠性，来巩固客户下订的信心。

（10）对于价格要有信心，不轻易让价。

（11）不要以客户出价作为加价基础。

（12）攻心为上，可采用迂回策略，使用一面介绍、一面聊天的方式，提升客户对你的好感。

（13）让客户感觉有其他人正在考虑该物业。

（14）跟资深同事探讨，以对症下药。

二、面对拒绝的应对方法

客户有时候会用一些说辞来拒绝，这时候，置业顾问要根据不同的说辞采取相应的化解方法，常见的情况如表8-7所示。

表8-7　常见拒绝情形及应对方法

常见情况	客户分析	对症下药
家里人不同意	（1）有可能客户家里人真的不同意 （2）只是客户的一种借口 （3）客户以及家里人对楼盘本身不了解 （4）是客户生怕家里人有意见而说的	（1）您家里人不同意是可以理解的，因为他们和您开始一样也不太了解我们的楼盘，不如约个时间和他们一起到我们现场参观一下，您看星期一还是星期二好呢 （2）是吗？这么重大的事与家人商量是应该的，不过您是一家之主，您自己觉得如何？如果您觉得好，我想您家里人肯定会同意的 （3）其实买房子是一件好事，所以他们不会反对的，只要您到我们现场参观一下，进行一下全面的了解，再回去和他们商量，我相信他们也会来看看 （4）事实上，购房最大的受益人就是您家里人，他们有意见我想一定是对我们的楼盘不了解，这样好啦，由我们出面给您家里人介绍一下，有问题当面沟通好吗
等过一段时间再说吧	客户为了尽快摆脱我们而说出的话	当然啦，这是一件大事，考虑一段时间也是非常必要的，只不过现在房子卖得很快，每天都有二三十批客户去看楼，早一天就多一个选择，要是好的房子都给人家挑了，再后悔就晚了。既然您有这个考虑，就先来看一看再回去考虑，怎么样
我要先和别的楼盘对比一下	（1）客户有货比三家的习惯 （2）客户可能对别的楼盘更感兴趣 （3）客户还在考虑中	（1）您是个识货的人，知道货比三家不吃亏，但我觉得这套房在位置和环境方面比较适合您，您最好到现场详细了解一下 （2）先生（小姐），最重要的是您想要哪种类型的住宅，然后再从中选择，我对其他楼盘也比较熟悉，我们可以一起分析，我相信××花园一定适合您 （3）您考虑得很全面，买房确实是一件大事，但现在您既然已经来了，就让我详细地向您介绍一下（马上展示资料或带去看楼）

（续表）

常见情况	客户分析	对症下药
我经常走动，随时有可能不在这里	（1）客户可能工作不稳定 （2）客户可能是外地人	（1）风险无处不在，动荡的生活更应该找个安全保障，即使您有可能不在这里工作，但也需要找一个安居的地方嘛，正所谓“宁可食无肉，不可居无所” （2）先生，我们的房子产权是70年的，并且带有户口指标，您好像在这儿工作有一段时间了，也该找个地方安定下来啦
我刚买了	（1）客户有可能真的在其他地方或者在我们的楼盘买了 （2）有可能随便说说	（1）恭喜您！您买的房子一定很漂亮，今天我们既然碰上了，就让您了解一下我们的××花园，您也可以对比一下，如果觉得好也可以介绍您的朋友来买呀 （2）那太好了，我现在可以向您介绍一下我们的物业管理情况
我不需要，我也是搞房地产的	（1）客户本身可能对房地产有所了解 （2）客户本身确实是做房地产的	（1）难得碰到一位房地产行业的专家，相信您在这方面一定很有见识，可以给我们提一点宝贵的建议吗 （2）那更好呀，您已对房地产有很深的了解，既然我们已谈上了，就让我向您介绍一下我们的楼盘，好吗
我有朋友在房地产公司工作，我会找他们	（1）确实有朋友在房地产公司 （2）随口说的	（1）如果您觉得我们也可以成为朋友的话，那么在购房的时候您又多了一个参谋 （2）您的朋友在房地产公司，那您一定对房地产有所了解，但现代社会，购房不一定要从朋友那里买，而是要看哪个楼盘前景、环境以及条件比较好，可不可以给我一个机会，让我详细介绍一下？如果您不满意，可以大大方方地拒绝我，而不必碍于情面
你们收取的费用太多了	不太认同佣金	（1）我们的费用是经过物价局审批的，另外，我公司大部分费用都是国家部门收的，不知您具体指哪部分的费用 （2）我们所收的费用同您将能得到的保障相比应该算不得什么
你们是骗人的，想收佣金	在客户的心目中，做推销的都是靠佣金吃饭	（1）是否我们有同事向您收取佣金啦？有很多人都像您这样认为，这都是对我们不了解，其实我们只是向您推介楼房而已，也希望我们的介绍能给您提供一些参考

（续表）

常见情况	客户分析	对症下药
你们是骗人的，想收佣金	在客户的心目中，做推销的都是靠佣金吃饭	（2）（用开玩笑的口吻）先生，我们能骗到您什么，大不了就骗您十多分钟看看楼而已，不是吗
不用小订，到时我直接来成交就可以啦	怕上当受骗，回去被亲戚朋友取笑，或对我们小订的意义不清楚	（1）一般情况来说，您的想法有一定的道理，但是现在我们每天都有很多客户来看楼，不知您今天看好的房子明天还有没有，因此小订有好处，更何况这也是我们公司坚持先到先得的原则，对您可以说有百利而无一害 （2）您的观念很好，但是请问您一下，什么时候能够过来成交呢？如果今天不能决定下来，那最好还是落个小订，这样您所看中的房子就有了保障，要不然其他客户看上了我也没办法，对不对 （3）您既然不能马上决定下来，落个小订我们有三天时间让您充分考虑，并且在这三天内，就算有客户看上了，我也会先征求一下您的意见再出售，更何况小订的钱不论您买不买都是要退还的

第四节　签订合同

小A：看来，要促成一笔交易真不容易啊。

老Q：是不容易啊。但是只要你对客户有足够的耐性，同时学会察言观色，适时揣摩客户的心理，也不是什么难事。

小A：嗯，那买卖双方都达成一致了，是不是就可以签订合同了？

老Q：是的，签订合同是一个非常重要的环节，稍有疏忽，就可能引发法律纠纷，给自己和公司造成不必要的麻烦。特别是现在消费者的自我保护意识越来越强，更是马虎不得。因此，在签订合同时，置业顾问必须谨慎地按照规定的程序和步骤进行操作。

小A：这么重要啊，那您可得给我好好讲讲了。

老Q：好，那咱们就一起来看看吧。

一、签订合同前的准备

1. 相关事项的再次确定

（1）房产权利现状再次确认：确定房产的产权证及所有权人；是否有共有人，共有人对房产出售是否持相同意见；是否存在他项权利；业主还贷能力如何，谁还贷；如属合同房，是一次性付款还是按揭付款，按揭银行是哪家，按揭年限、待还款额度、月供款等分别是多少。

（2）确定双方认可的付款方式。

（3）确定交易应付的税费及因交易产生的相关费用。

（4）确定交易的确切时间及房产交付使用时间。

（5）确定原房产内的户口问题。

（6）确定维修基金及预交契税的归属。

（7）确定水、电表的数据及电视、煤气的过户问题。

（8）确定过户前存在费用的支付情况。

（9）确定随房产赠送的物品。

（10）确定佣金的支付方式。

（11）确定其他双方要求的特定问题。

（12）确定双方责任及违约处理，以及因交易产生的相关费用的支付问题。

2. 主动与业主、客户联系，提醒相关事项

在约定的签约日期前一天或前几天，置业顾问应主动与业主、客户联系，再次确定具体时间。

（1）提醒产权人、共有人带上能证明房产产权的相关证明及个人身份证。委托人代理签署的，带上法律认可的委托书和个人身份证。

（2）提醒客户带上购买房产需要的定金、佣金及本人身份证。

3. 再次梳理可能发生的问题

（1）回顾与客户的洽谈情况，对客户关注的问题和顾虑事项做一次认真梳理，为签约做好准备。

（2）事先分析签约时可能发生的问题，并设计好应对方法，以防不测。

4. 清理签约现场

清理签约现场，保持现场的干净整洁，创造良好的签约环境。

5. 事先准备好合同文本及相关证件

要整理好一式几份的合同文本，并将公司需配备的相关证件、印章、收据等都准备好。

二、签订合同的过程

1. 草拟合同

草拟合同后，买卖双方对合同无异议，主要负责的置业顾问应对合同进行全面的审核。合同的具体内容请看下一节。

2. 签约准备

复印客户资料，并开好定金及佣金收据（收取佣金后，可视产权的完整性将定金转交房产业主，由业主签名并盖章确认）。

3. 双方当场签约

双方签署合同，签名后盖章确认。

4. 恭喜买卖双方

恭喜买卖双方，同时，询问业主是否有其他投资行为。

5. 权证变更事宜的移交

请买卖双方填写“客户业务交接单”或介绍权证部同事与双方认识，告知双方办理手续所需的大致时间，并为双方指定办理时间及做好安排。

客户如办理按揭，应告知其所需准备的材料：身份证、户口簿、婚姻证明（未婚证、结婚证、离婚证及民政部门开出的其他证明）、首期款复印件、个人收入证明、按揭银行的存折、个人近一年内的银行流水账等。

三、二手房买卖合同

1. 二手房买卖合同的基本内容

二手房交易的过程比较复杂，涉及的内容较多，应签订书面合同，这是法律的强制性规定。二手房买卖合同应当包括以下内容。

（1）当事人名称或者姓名和住所。

（2）房屋所有权证书名称及编号。

（3）房屋基本状况（包括产权声明等）。

（4）房屋的用途或使用性质。

（5）房屋价款的确定方式及总价款、付款方式、付款时间。

（6）房屋交付及办理过户的日期。

（7）房屋装饰、设备标准的现状。

（8）权利义务内容。
（9）违约责任。
（10）解决争议的方法。
（11）合同生效条款。
（12）合同的中止、终止或解除。
（13）合同的变更与转让。
（14）双方约定的其他事项。
（15）合同附件。

2. 注意事项

置业顾问在买卖双方签订合同时，需确认合同中有没有以下条款。
（1）房屋的价格。
（2）手续办理时间。
（3）入住时间。
（4）附属设施保留与否。
（5）违约责任。
下面提供一份某房地产中介公司二手房屋买卖合同的范本，仅供参考。

【范本】二手房屋买卖合同

二手房屋买卖合同

卖方：______________（以下简称甲方）
买方：______________（以下简称乙方）
甲乙双方就房屋买卖相关事宜，经平等协商后，达成如下协议。
1. 甲方自愿将下列房屋卖给乙方：
（1）房屋状况：（请按《房屋所有权证》填写）
房屋座落：____
幢号：____室号：____套（间）数：____建筑结构：____总层数：____建筑面积（平方米）：______用途：__________。
（2）该房屋的土地使用权取得方式：出让（ ）、划拨（ ）。
2. 甲乙双方商定成交价格为人民币________元，（大写）____佰____拾____万____仟____佰____拾____元整。
乙方在______年____月____日前分次付清，付款方式：________________
3. 甲方在______年____月____日将上述房屋交付给乙方，该房屋占用范围内土地使用权同时转让。
4. 出卖的房屋如存在产权纠纷，由甲方承担全部责任。
5. 本合同经双方签章并经______房地产交易管理所审查鉴定后生效，对双方都具有约束力，应严格履行。如有违约，违约方愿承担违约责任，并赔偿损失，支付违约费用。

6. 双方愿按国家规定交纳税费及办理有关手续。未尽事宜，双方愿按国家有关规定办理。如发生争议，双方协商解决；协商不成的，双方愿向________仲裁委员会申请仲裁。

7. 本合同一式四份，甲乙双方及税务部门、房管部门各一份。

8. 双方约定的其他事项：________________________________

甲方（签名或盖章）______________　　　代理人（签名或盖章）______________

乙方（签名或盖章）______________　　　代理人（签名或盖章）______________

监证机关：______________________　　　签订日期：______________________

第九章

如何做好客户维护管理

9

第一节　客户跟进管理

老Q：小A，合同的签订过程你清楚了吗？

小A：清楚了。

老Q：这就好。对那些签了合同的客户不能不管不问，我们还要继续跟进，协助他们办理好相关的手续，比如过户手续、按揭手续等。你为客户提供了周到细致的服务，能赢得客户的信赖，从而也可为自己争取到更多潜在的客户。

一、协助客户缴纳契税

缴纳契税的流程如图9-1所示。

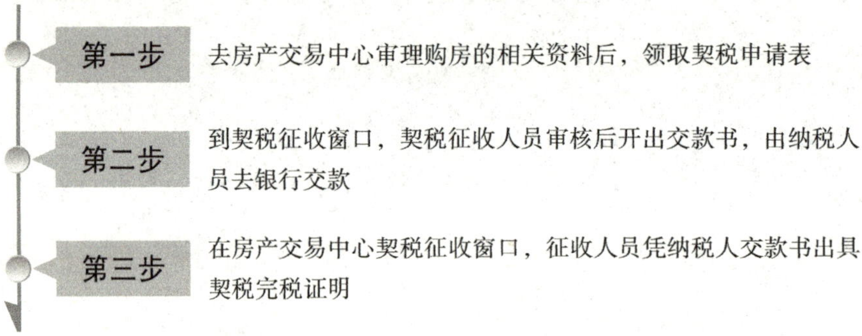

图9-1　缴纳契税的流程

置业顾问应了解房地产契税申请表的相关内容，具体如表9-1所示。

表9-1　房地产契税申请表

编号：　　　　　　　　　　　　　　　　出让方：

<table>
<tr><td rowspan="5">纳税人申请事项</td><td>纳税人</td><td colspan="2"></td><td>单位性质</td><td colspan="2"></td></tr>
<tr><td>联系地址</td><td colspan="2"></td><td>联系电话</td><td colspan="2"></td></tr>
<tr><td>房屋（土地）座落</td><td colspan="2"></td><td>原产权（土地）证号</td><td></td><td></td></tr>
<tr><td>项目</td><td>房地产结构</td><td>层数</td><td>间（套）数</td><td>面积（m^2）</td><td>成交（评估）价</td></tr>
<tr><td>房产</td><td></td><td></td><td></td><td></td><td></td></tr>
</table>

（续表）

<table>
<tr><td rowspan="3">纳税人申请事项</td><td>土地</td><td colspan="2"></td><td colspan="2"></td><td></td><td></td></tr>
<tr><td>交易性质</td><td></td><td>立契时间</td><td colspan="2"></td><td>申报日期</td><td></td></tr>
<tr><td>土地使用年限</td><td></td><td>其他权利申报</td><td colspan="4"></td></tr>
<tr><td rowspan="3">征收机关核定</td><td colspan="2">计税价格</td><td colspan="2">核定税率</td><td colspan="3">计征税额</td></tr>
<tr><td colspan="2"></td><td colspan="2"></td><td colspan="3"></td></tr>
<tr><td>备注</td><td colspan="6"></td></tr>
</table>

征收机关：____________　　时间：____________

经办人：____________　　纳税申报人（签章）：

二、协助客户申请房贷

一般来说，置业顾问在协助客户申请房贷时可按照以下的流程进行，具体如图9-2所示。

- **第一步**　提醒客户带上本人的身份证和房屋贷款合同
- **第二步**　到所申请房贷的银行，出示客户本人的身份证和房屋贷款合同。工作人员在核对身份证和房屋贷款合同后，会将房屋贷款合同录入“个人贷款业务系统”
- **第三步**　根据要求，客户填写“个人房屋贷款利率调整承诺书”，承诺按时还款及满足银行的其他要求
- **第四步**　客户在银行提供的专用信封上填写个人家庭住址，主要用途是贷款人获得批准后，银行会把“个人房屋贷款利率调整承诺书”中的“利率调整审批表”的审批情况邮寄给客户
- **第五步**　一般在10个工作日左右，银行会把审批情况告之客户

图9-2　协助客户申请房贷的流程

三、协助客户办理按揭

按揭即个人住房商业性贷款，是银行用其信贷资金所发放的自营性贷款。具体指具有完全民事行为能力的自然人购买本市城镇自住住房时，以其所购买的产权住房为抵押和偿还贷款的保证而向银行申请的住房商业性贷款。

1. 申请按揭应具备的资格

申请按揭方式的人员应具备以下资格。

（1）年龄在18岁以上、具有完全民事行为能力的中国公民（包括大陆人士、港澳台人士）。

（2）贷款到期时原则上女士不大于60岁，男士不大于65岁。

（3）有稳定合法的职业和收入来源，有还款付息能力。

（4）借款人同意以所购房屋及其权益作为抵押物。

（5）交齐首期购房款。

（6）满足贷款银行要求的其他条件。

2. 按揭需提供的资料

按揭客户需提供以下资料和交纳以下费用。

（1）夫妻双方身份证复印件。

（2）婚姻状况证明，包括：结婚证复印件；单身由街道办或居委会出具单身证明原件，格式由银行提供。

（3）夫妻双方所在单位出具收入证明原件，格式由银行提供。

（4）夫妻双方户籍证明原件（户口所在地派出所出具）。

（5）资信证明（存单、股权、房产证或企业营业执照等有效证件复印件，一般不需要）。

3. 办理按揭的流程

一般来说，置业顾问在为客户办理按揭时可按照以下流程进行，具体如图9-3所示。

第一步	客户在签订房屋买卖合同时，办理银行按揭手续
第二步	客户填写“个人住房抵押贷款申请表”提交给银行
第三步	经银行审核后，通知符合条件的客户签订借款合同
第四步	客户在银行签订借款合同、借款借据等文件，缴交保险费、公证费、抵押登记费等

- 第五步：按揭资料交银行签字盖章
- 第六步：有关材料交房管局办理抵押登记手续
- 第七步：银行发放贷款
- 第八步：客户取回公证后的“借款合同”、借据等，按通知从银行发放贷款的次月开始将款项划入指定账户
- 第九步：借款人按月还款
- 第十步：借款全部结清，办理抵押房产注销登记，取回发票、房产证、保单正本

图9-3　办理按揭的流程

相关链接

房贷转按揭业务的办理

房贷转按揭业务即已在甲银行办理了住房按揭贷款的借款人，直接将在甲银行办理的按揭转到乙银行，以便享受到更优惠的利率。一般来说，置业顾问可按照以下的流程为客户办理转按揭。

第一步：找到新银行。

寻找一家可以为老房贷给出更大利率优惠的接收银行。

第二步：带上齐备的申请资料。

带上原来的借款合同、购房合同、房产证复印件（无复印件也可）、身份证原件、收入证明、还款记录（一般是供银行扣月供的存折复印件），到接收银行网点填写“转按揭”申请表。

第三步：信用查询。

如果申请者个人信用记录中没有恶意拖欠贷款的记录，接收银行一般会在7个工作日内作出受理“转按揭”的决定。

第四步：提前还完款。

获得接收银行认可后，向原来的贷款发放银行申请提前全额还贷。

第五步：签订新合同。

向原贷款发放银行提前全额还贷并拿回抵押的房产证后，到接收银行网点签订新

（续）

的个人房屋抵押贷款合同。

第六步：重新办抵押。

拿着房产证、全额还款证明（由原贷款银行出具）、与接收银行签订的个人房屋抵押贷款合同，到各房屋所在地房屋抵押登记部门（一般在房交所）先办理解押手续，后办理新的抵押手续。

第七步：手续交银行。

将房产证、解押手续、抵押手续交回接收银行。一般情况下第二天便会获得新的贷款。

四、协助客户收房

置业顾问在协助客户收房时可按照以下的流程进行，具体如图9–4所示。

- 第一步　核验客户的材料
- 第二步　客户向开发商领取“竣工验收备案表”“房屋土地测绘技术报告书”
- 第三步　“住宅质量保证书”和“住宅使用说明书”的原件，并由开发商加以说明
- 第四步　客户交纳剩余房款
- 第五步　客户领取钥匙，并签署“住宅钥匙收到书”
- 第六步　与客户一起做综合验收，并就验收中存在的问题提出质询、改进意见或解决方案
- 第七步　开发商与客户协商，并达成书面协议。根据协议内容解决交房中存在的问题，无法在15日内解决的，双方应当就解决方案及期限达成书面协议
- 第八步　客户签署“入住交接单”

图9–4　收房的流程

五、协助客户办理产权证

1. 办理产权证需要的资料

置业顾问在协助客户办理产权证时要带齐以下资料，具体如表9-2所示。

表9-2　办理产权证所需的资料

房屋类型	所需资料
商品房	个人身份证、房屋登记申请表、购房证明、商品房购销合同书（或预售合同书）、房屋分户平面图、缴款发票、交易监证文书
单位新建房	法人资格证明（法人代码证明或营业执照）、房屋登记申请表、建设项目批文、征地批文或用地许可证、征地红线图、建设许可证、建筑红线图、建设设计防火审核意见书、竣工平面图、房屋总平面图、房屋分层平面图、竣工验收报告
拆迁安置房	个人身份证、房屋登记表、房屋拆迁证明书、房屋拆迁产权交换证明书或购房证明书、原房屋产权注销证明、房屋拆迁安置补偿结算单、房屋分户平面图、缴款发票
个人新建房屋	个人身份证、房屋登记申请表、建筑许可证、建筑红线图、建设设计防火审核意见书

2. 办理产权证的流程

置业顾问在协助客户办理产权证时，可按照图9-5所示的流程进行。

- **第一步**　买卖双方到产权登记部门，上交办理产权证所需的相关资料
- **第二步**　申请人上交资料后，房屋产权登记部门会开出收件收具，注明领证日期
- **第三步**　产权登记部门将对所收资料进行审核
- **第四步**　产权登记部门如果发现申请人所交资料不全等特殊情况时，会按房屋登记申请表上所写的申请人电话通知申请人，并顺延办证时间

图9-5　办理产权证的流程

第二节 客户档案管理

老Q：小A，上面讲的这些手续的办理流程你都清楚了吗？

小A：清楚了。

老Q：在实际办理过程中可能会遇到很多问题，这就需要你多了解相关的政策及流程。

小A：我知道了。

老Q：好，那下面我们就来了解一下，如何做好客户的档案管理。客户档案管理是企业营销管理的重要内容，而不能把它仅仅理解为客户资料的收集、整理和存档。

小A：那您还是给我详细讲讲吧。

一、建立客户档案

客户档案即有关客户情况的档案资料，是反映客户本身及与客户有关的商业流程的所有信息的总和。

1. 建立客户档案的作用

一般来说，建立客户档案主要有图9-6所示的三个作用。

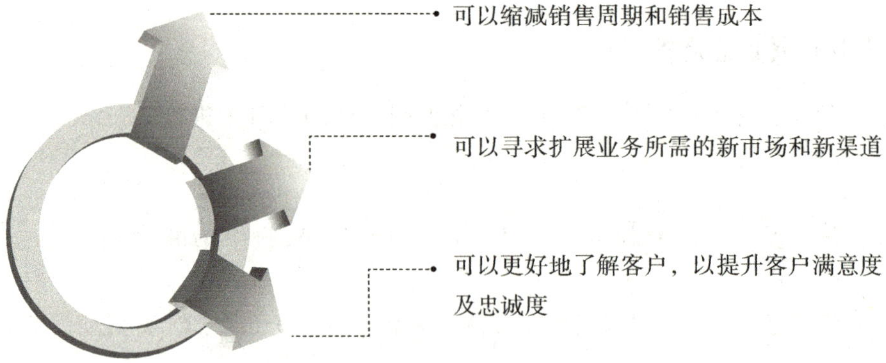

图9-6 建立客户档案的作用

2. 客户档案的基本内容

正如客户自身是复杂多样的一样，客户档案管理的内容也是复杂的，不能一概而论。客户档案管理的基本内容包括表9-3所示的几项。

表9-3　客户档案的基本内容

类型	内容
客户最基本的原始资料	包括客户的名称、地址、电话、微信及家庭状况、学历、年龄、经历背景等
客户特征资料	包括客户的个人性格、兴趣、爱好等
交易现状资料	包括客户的成交意向、存在的问题、财务状况等

3. 建立客户档案的注意事项

一般来说，置业顾问在建立客户档案时应注意以下事项。

（1）档案信息必须全面、详细。

除了应包括客户名称、地址、电话、微信这些最基本的信息外，还应包括其购买力、与本公司的交易意向等这些更深层次的资料。

（2）档案内容必须真实。

（3）对已建立的档案要进行动态管理。

二、分类整理客户档案

1. 客户档案的分类整理

置业顾问可以根据相关程序把客户档案资料进行分类、编号定位，并活页装卷。

2. 意向客户的档案管理

管理意向客户的档案时，可以参考以下方法。

（1）在接待完客户后，应把客户资料填入“意向客户登记表”，并及时填报客户追踪情况，具体如表9-4所示。

表9-4　意向客户登记表

编号	姓名	性别	年龄	电话	现住址	意向单位	看房记录	观望原因	置业顾问

制表人：__________　　　　填表日期：______年____月____日

（2）根据客户的等级，将意向明确的客户报给公司，以便协调房源，避免“撞车”。

3. 已交定金客户的档案管理

管理已交定金客户的档案时，可参考以下方法。

（1）客户定房后，应将其资料填入“已交定金客户登记一览表”（如表9-5所示），以便随时对客户情况进行查询。

表9-5　已交定金客户登记一览表

序号	姓名	电话	住址	来电来访日期	看好单位	客户追踪	跟进情况

制表人：__________　　　　填表日期：_____年____月____日

（2）对客户的职业、经济收入水平、文化层次、居住区域、消费心理等进行系统的统计分析，从而使目标客户群的定位更加明晰。

（3）客户要求换房或退房时，应将客户换房或退房的具体情况填入“客户换房、退房一览表”（如表9-6所示），并及时更新相关数据。

表9-6　客户换房、退房一览表

编号	姓名	房号	电话	换、退房时间	换、退房原因	置业顾问	备注

制表人：__________　　　　填表日期：_____年____月____日

（4）定期编制“销退房情况一览表”，以便掌握销售动态，并总结退房的具体原因，及时调整自己的销售策略。

（5）对特殊优惠的客户要进行备案，将其资料填入“特殊优惠客户一览表”（如表9-7所示），以便查询。

表9-7 特殊优惠客户一览表

编号	姓名	性别	电话	房号	优惠形式	优惠原因	备注

制表人：____________ 填表日期：______年____月____日

4. 签约客户的档案管理

管理签约客户的档案时，可以参考以下方法。

（1）应将未按规定期限签约的客户填入“未签约客户一览表”（如表9-8所示），以便尽早解决签约遗留问题，加速资金的回笼。

表9-8 未签约客户一览表

序号	姓名	性别	年龄	电话	现住地址	职业	首次来访	终止时间	置业顾问

制表人：____________ 填表日期：______年____月____日

①应将客户的交款情况填入“客户交款情况明细表”（如表9-10所示），可按付款方式对客户进行分类，以便及时向客户催款或催办按揭，从而加速资金回笼。

表9-10 客户交款情况明细表

客户编号	一次性付款	分期付款	按揭				
			轻松按揭	10年按揭	15年按揭	20年按揭	30年按揭

制表人：____________ 填表日期：______年____月____日

②应将办理延期付款的客户填入“延期付款客户一览表”（如表9-11所示），以便于及时了解回款情况。

表9-11　延期付款客户一览表

编号	姓名	性别	年龄	房号	付款方式	付款金额	延期付款原因	备注

制表人：＿＿＿＿＿　　　　填表日期：＿＿＿年＿＿月＿＿日

（2）对签约的客户，应将签约的具体情况填入“契约签署一览表”（如表9-12所示），并在备注中将合同的某些特殊条款列明，以便日后查询。

表9-12　契约签署一览表

编号	姓名	性别	年龄	家庭结构	现住地址	职业	行业	车辆	资金来源	认知途径	户型	首次来访	签约时间	付款方式	置业顾问

制表人：＿＿＿＿＿　　　　填表日期：＿＿＿年＿＿月＿＿日

5. 问题客户的档案管理

对存在棘手问题的客户，可以将其资料填入“问题客户一览表”（如表9-13所示），并按客户服务流程上报，以便及时解决问题。

表9-13 问题客户一览表

编号	姓名	性别	年龄	房号	存在的问题	原因	备注

制表人：________ 填表日期：____年___月___日

三、客户档案保密管理

客户资料是公司的财产，任何人不得占为己有或故意泄露。要想做好客户信息的保密工作，可以采取以下措施。

1. 客户档案分级管理

一般来说，最重要的客户档案应设置为公司秘密级信息，借阅、翻查时都必须履行相关手续。

2. 采取保密技术措施

在对客户档案进行管理时，可以采取以下技术措施。

（1）对电脑进行加密设置，由专人管理。

（2）纸面文档应设置专柜管理，借阅时必须登记。

（3）制定保密制度和惩罚措施。

四、客户档案管理应注意的问题

在客户档案管理过程中，应注意下列问题。

1. 客户档案管理应保持动态性

客户档案管理不同于一般的档案管理。如果一经建立即置之不理，就失去了其意义。需要根据客户情况的变化不断地加以调整，消除过旧资料，及时补充新资料。

2. 客户档案管理应关注未来客户

客户档案管理的重点不仅应放在现有客户上，还应更多地关注未来客户或潜在客户，为企业选择新客户、开拓新市场提供资料。

3. 客户档案管理应"用重于管"，提高档案管理工作的质量和效率

不能将客户档案束之高阁，应以灵活的方式及时全面地提供给推销人员和有关人员。同时，应利用客户档案开展更多的分析，使死档案变成活资料。

第三节　客户服务管理

老Q：一个优秀的置业顾问，不仅要在销售活动中为客户提供周到、热情的服务，还应在销售结束之后提供完善的售后服务。因此，要成为一名可以让客户信赖的置业顾问，就必须牢牢树立起做好售后服务的意识。

小A：我明白，做好客户服务工作，不仅能树立良好的现象、赢得客户的忠诚，说不定还能获取新的业务呢。

老Q：不错，有调查表明，在各种各样的宣传形式当中，客户口碑宣传的效果是最好的。如果你能够做到让老客户带来新客户，那么你的业绩将大大提升。老客户如果对你的服务满意，他的正面传播可以影响到十多个甚至更多亲朋好友；而老客户如果对你的服务不满意，他的负面传播同样会影响你新客户的开发。

小A：嗯，我会记住的。

老Q：那好，接下来，我们就来看看如何做好客户服务。

小A：好。

一、及时处理客户投诉

当发生一些令客户不满意的事情时，客户有怨言是正常的，此时，置业顾问就要对客户的投诉作出及时、正确的处理，否则，就会使事情向更坏的方向发展。处理客户投诉需要掌握一定的技巧，具体如图9-4所示。

图9-4　处理客户投诉的技巧

1. 保持友好的态度

当你接到客户投诉时，首先要有换位思考的意识，站在客户的立场考虑问题，千万不要与客户发生争执，谁对谁错并不重要，如何沟通处理、解决客户的问题才是最重要的。

客户对产品或服务不满，从心理上来讲，会觉得自己被亏待了，付出了大量的投资，却买不到满意的房子和服务。如果你的态度不友好，就会让他们的情绪更差，结果只会恶化你与客户之间的关系。相反，你若能做到态度诚恳、热情礼貌，则会降低客户的抵触情绪，从而更有利于协商解决问题。

2. 先培养情感，后处理事件

要想有效地处理客户投诉，最好的方法就是“先培养情感，后处理事件”，先在我们与客户之间架起互相信任的桥梁，不断地改善双方关系，这样才能使问题更容易解决。

3. 不要与客户发生争吵

客户在投诉时总是情绪激动，甚至可能言辞激烈。对此，置业顾问要保持冷静，克制自己的情绪，切不可与客户发生争吵。否则，只会扩大事态，让客户失望地离去。

因此，在处理客户投诉时，置业顾问要学会理解、尊重客户，语言不能过激，不能与客户针锋相对，避免彼此关系恶化。千万不要以一些粗鲁、伤人自尊的话伤害客户，如“房子本来就要这样，你怎么连最基本的常识都不懂”，而要用委婉、得体的语言与客户沟通。

二、定期跟踪回访客户

1. 确定时间进行回访

在确定回访时间时，置业顾问可以参考以下方法。

（1）针对新客户，制订一个详细的计划进行及时回访。

（2）每隔几天就进行一次，此时回访不仅是对客户需求进行了解，也是为了保证客户不会忘记你。

（3）通过回访与客户约定在周六、周日看房，利用周末时间增加双方接触沟通的机会。

2. 回访的方式

一般来说，回访的方式主要为电话回访。

在与客户进行长时间电话沟通前，一般先进行短信联系，让客户有所准备。如果客户方便，后期大家可以沟通得更深入一点。

3. 回访的注意事项

回访时应注意以下事项。

（1）回访时一般选择座机，显得更为正式。

（2）在跟客户沟通前最好熟悉谈话内容，调整好自己的状态。

（3）及时填写客户回访登记表（如表9-14所示），记录下回访的信息，以便日后查询。

表9-14　客户回访登记表

序号	姓名	电话	住址	回访内容	备注
1					
2					
3					
4					
5					
6					
7					

制表人：＿＿＿＿＿＿　　　　填表日期：＿＿＿年＿＿月＿＿日

（4）善于抓住特殊的时机，如逢年过节、新政策实施、客户生日等，都是回访的好时机。

老Q：小A，这一路学下来，觉得怎么样啊？

小A：谢谢您这么细心地教我，让我学到了很多知识。

老Q：要想成为一名优秀的店长，不仅自身要有过硬的业务能力，让下属对你心服口服，还要懂得如何管理、如何提高整个门店的业绩，让下属觉得跟着你干有奔头。

小A：通过这一段时间的学习，我对自己充满信心，相信自己一定会成功的。

老Q：好，年轻人就是要有这股不服输的劲儿。我看好你，加油！

小A：谢谢，咱们一起加油！

附录一

住房城乡建设部　国家发展改革委　人力资源社会保障部
关于修改《房地产经纪管理办法》的决定

中华人民共和国住房和城乡建设部　中华人民共和国国家发展和改革委员会　中华人民共和国人力资源和社会保障部令第29号

《住房城乡建设部　国家发展改革委　人力资源社会保障部关于修改〈房地产经纪管理办法〉的决定》已经住房城乡建设部常务会议、国家发展改革委主任办公会议审议通过，经商人力资源社会保障部同意，现予发布，自2016年4月1日起施行。

住房城乡建设部部长　陈政高

国家发展改革委主任　徐绍史

人力资源社会保障部部长　尹蔚民

2016年3月1日

住房城乡建设部　国家发展改革委　人力资源社会保障部
关于修改《房地产经纪管理办法》的决定

住房城乡建设部、国家发展改革委、人力资源社会保障部决定将《房地产经纪管理办法》（住房城乡建设部　国家发展改革委员会　人力资源社会保障部令第8号）第十条修改为："房地产经纪人协理和房地产经纪人职业资格实行全国统一大纲、统一命题、统一组织的考试制度，由房地产经纪行业组织负责管理和实施考试工作，原则上每年举行一次考试。国务院住房城乡建设主管部门、人力资源社会保障部门负责对房地产经纪人协理和房地产经纪人职业资格考试进行指导、监督和检查。"

本决定自2016年4月1日起施行。《房地产经纪管理办法》根据本决定作相应的修改，重新发布。

房地产经纪管理办法

第一章　总则

第一条　为了规范房地产经纪活动，保护房地产交易及经纪活动当事人的合法权益，促进房地产市场健康发展，根据《中华人民共和国城市房地产管理法》、《中华人民共和国合同法》等法律法规，制定本办法。

第二条　在中华人民共和国境内从事房地产经纪活动，应当遵守本办法。

第三条　本办法所称房地产经纪，是指房地产经纪机构和房地产经纪人员为促成房地产交易，向委托人提供房地产居间、代理等服务并收取佣金的行为。

第四条　从事房地产经纪活动应当遵循自愿、平等、公平和诚实信用的原则，遵守职业规范，恪守职业道德。

第五条　县级以上人民政府建设（房地产）主管部门、价格主管部门、人力资源和社会保障主管部门应当按照职责分工，分别负责房地产经纪活动的监督和管理。

第六条　房地产经纪行业组织应当按照章程实行自律管理，向有关部门反映行业发展的意见和建议，促进房地产经纪行业发展和人员素质提高。

第二章　房地产经纪机构和人员

第七条　本办法所称房地产经纪机构，是指依法设立，从事房地产经纪活动的中介服务机构。

房地产经纪机构可以设立分支机构。

第八条　设立房地产经纪机构和分支机构，应当具有足够数量的房地产经纪人员。

本办法所称房地产经纪人员，是指从事房地产经纪活动的房地产经纪人和房地产经纪人协理。

房地产经纪机构和分支机构与其招用的房地产经纪人员，应当按照《中华人民共和国劳动合同法》的规定签订劳动合同。

第九条　国家对房地产经纪人员实行职业资格制度，纳入全国专业技术人员职业资格制度统一规划和管理。

第十条　房地产经纪人实行全国统一大纲、统一命题、统一组织的考试制度，由国务院住房和城乡建设主管部门、人力资源和社会保障主管部门共同组织实施，原则上每年举行一次。

房地产经纪人协理实行全国统一大纲，由各省、自治区、直辖市人民政府建设（房地产）主管部门、人力资源和社会保障主管部门命题并组织考试的制度，每年的考试次数根据行业发展需要确定。

第十一条　房地产经纪机构及其分支机构应当自领取营业执照之日起30日内，到所在直辖市、市、县人民政府建设（房地产）主管部门备案。

第十二条　直辖市、市、县人民政府建设（房地产）主管部门应当将房地产经纪机构及其分支机构的名称、住所、法定代表人（执行合伙人）或者负责人、注册资本、房地产经纪人员等备案信息向社会公示。

第十三条　房地产经纪机构及其分支机构变更或者终止的，应当自变更或者终止之日起30日内，办理备案变更或者注销手续。

第三章　房地产经纪活动

第十四条　房地产经纪业务应当由房地产经纪机构统一承接，服务报酬由房地产经纪机构统一收取。分支机构应当以设立该分支机构的房地产经纪机构名义承揽业务。

房地产经纪人员不得以个人名义承接房地产经纪业务和收取费用。

第十五条 房地产经纪机构及其分支机构应当在其经营场所醒目位置公示下列内容：

（一）营业执照和备案证明文件；

（二）服务项目、内容、标准；

（三）业务流程；

（四）收费项目、依据、标准；

（五）交易资金监管方式；

（六）信用档案查询方式、投诉电话及12358价格举报电话；

（七）政府主管部门或者行业组织制定的房地产经纪服务合同、房屋买卖合同、房屋租赁合同示范文本；

（八）法律、法规、规章规定的其他事项。

分支机构还应当公示设立该分支机构的房地产经纪机构的经营地址及联系方式。

房地产经纪机构代理销售商品房项目的，还应当在销售现场明显位置明示商品房销售委托书和批准销售商品房的有关证明文件。

第十六条 房地产经纪机构接受委托提供房地产信息、实地看房、代拟合同等房地产经纪服务的，应当与委托人签订书面房地产经纪服务合同。

房地产经纪服务合同应当包含下列内容：

（一）房地产经纪服务双方当事人的姓名（名称）、住所等情况和从事业务的房地产经纪人员情况；

（二）房地产经纪服务的项目、内容、要求以及完成的标准；

（三）服务费用及其支付方式；

（四）合同当事人的权利和义务；

（五）违约责任和纠纷解决方式。

建设（房地产）主管部门或者房地产经纪行业组织可以制定房地产经纪服务合同示范文本，供当事人选用。

第十七条 房地产经纪机构提供代办贷款、代办房地产登记等其他服务的，应当向委托人说明服务内容、收费标准等情况，经委托人同意后，另行签订合同。

第十八条 房地产经纪服务实行明码标价制度。房地产经纪机构应当遵守价格法律、法规和规章规定，在经营场所醒目位置标明房地产经纪服务项目、服务内容、收费标准以及相关房地产价格和信息。

房地产经纪机构不得收取任何未予标明的费用；不得利用虚假或者使人误解的标价内容和标价方式进行价格欺诈；一项服务可以分解为多个项目和标准的，应当明确标示每一个项目和标准，不得混合标价、捆绑标价。

第十九条 房地产经纪机构未完成房地产经纪服务合同约定事项，或者服务未达到房地产经纪服务合同约定标准的，不得收取佣金。

两家或者两家以上房地产经纪机构合作开展同一宗房地产经纪业务的，只能按照一宗业务收取佣金，不得向委托人增加收费。

第二十条　房地产经纪机构签订的房地产经纪服务合同，应当加盖房地产经纪机构印章，并由从事该业务的一名房地产经纪人或者两名房地产经纪人协理签名。

第二十一条　房地产经纪机构签订房地产经纪服务合同前，应当向委托人说明房地产经纪服务合同和房屋买卖合同或者房屋租赁合同的相关内容，并书面告知下列事项：

（一）是否与委托房屋有利害关系；

（二）应当由委托人协助的事宜、提供的资料；

（三）委托房屋的市场参考价格；

（四）房屋交易的一般程序及可能存在的风险；

（五）房屋交易涉及的税费；

（六）经纪服务的内容及完成标准；

（七）经纪服务收费标准和支付时间；

（八）其他需要告知的事项。

房地产经纪机构根据交易当事人需要提供房地产经纪服务以外的其他服务的，应当事先经当事人书面同意并告知服务内容及收费标准。书面告知材料应当经委托人签名（盖章）确认。

第二十二条　房地产经纪机构与委托人签订房屋出售、出租经纪服务合同，应当查看委托出售、出租的房屋及房屋权属证书，委托人的身份证明等有关资料，并应当编制房屋状况说明书。经委托人书面同意后，方可以对外发布相应的房源信息。

房地产经纪机构与委托人签订房屋承购、承租经纪服务合同，应当查看委托人身份证明等有关资料。

第二十三条　委托人与房地产经纪机构签订房地产经纪服务合同，应当向房地产经纪机构提供真实有效的身份证明。委托出售、出租房屋的，还应当向房地产经纪机构提供真实有效的房屋权属证书。委托人未提供规定资料或者提供资料与实际不符的，房地产经纪机构应当拒绝接受委托。

第二十四条　房地产交易当事人约定由房地产经纪机构代收代付交易资金的，应当通过房地产经纪机构在银行开设的客户交易结算资金专用存款账户划转交易资金。

交易资金的划转应当经过房地产交易资金支付方和房地产经纪机构的签字和盖章。

第二十五条　房地产经纪机构和房地产经纪人员不得有下列行为：

（一）捏造散布涨价信息，或者与房地产开发经营单位串通捂盘惜售、炒卖房号，操纵市场价格；

（二）对交易当事人隐瞒真实的房屋交易信息，低价收进高价卖（租）出房屋赚取差价；

（三）以隐瞒、欺诈、胁迫、贿赂等不正当手段招揽业务，诱骗消费者交易或者强制交易；

（四）泄露或者不当使用委托人的个人信息或者商业秘密，谋取不正当利益；

（五）为交易当事人规避房屋交易税费等非法目的，就同一房屋签订不同交易价款的合同提供便利；

（六）改变房屋内部结构分割出租；

（七）侵占、挪用房地产交易资金；

（八）承购、承租自己提供经纪服务的房屋；

（九）为不符合交易条件的保障性住房和禁止交易的房屋提供经纪服务；

（十）法律、法规禁止的其他行为。

第二十六条　房地产经纪机构应当建立业务记录制度，如实记录业务情况。

房地产经纪机构应当保存房地产经纪服务合同，保存期不少于5年。

第二十七条　房地产经纪行业组织应当制定房地产经纪从业规程，逐步建立并完善资信评价体系和房地产经纪房源、客源信息共享系统。

第四章　监督管理

第二十八条　建设（房地产）主管部门、价格主管部门应当通过现场巡查、合同抽查、投诉受理等方式，采取约谈、记入信用档案、媒体曝光等措施，对房地产经纪机构和房地产经纪人员进行监督。

房地产经纪机构违反人力资源和社会保障法律法规的行为，由人力资源和社会保障主管部门依法予以查处。

被检查的房地产经纪机构和房地产经纪人员应当予以配合，并根据要求提供检查所需的资料。

第二十九条　建设（房地产）主管部门、价格主管部门、人力资源和社会保障主管部门应当建立房地产经纪机构和房地产经纪人员信息共享制度。建设（房地产）主管部门应当定期将备案的房地产经纪机构情况通报同级价格主管部门、人力资源和社会保障主管部门。

第三十条　直辖市、市、县人民政府建设（房地产）主管部门应当构建统一的房地产经纪网上管理和服务平台，为备案的房地产经纪机构提供下列服务：

（一）房地产经纪机构备案信息公示；

（二）房地产交易与登记信息查询；

（三）房地产交易合同网上签订；

（四）房地产经纪信用档案公示；

（五）法律、法规和规章规定的其他事项。

经备案的房地产经纪机构可以取得网上签约资格。

第三十一条　县级以上人民政府建设（房地产）主管部门应当建立房地产经纪信用档案，并向社会公示。

县级以上人民政府建设（房地产）主管部门应当将在日常监督检查中发现的房地产经纪机构和房地产经纪人员的违法违规行为、经查证属实的被投诉举报记录等情况，作为不良信用记录记入其信用档案。

第三十二条　房地产经纪机构和房地产经纪人员应当按照规定提供真实、完整的信用档案信息。

第五章　法律责任

第三十三条　违反本办法，有下列行为之一的，由县级以上地方人民政府建设（房地产）主管部门责令限期改正，记入信用档案；对房地产经纪人员处以1万元罚款；对房地产经纪机构处以1万元以上3万元以下罚款：

（一）房地产经纪人员以个人名义承接房地产经纪业务和收取费用的；

（二）房地产经纪机构提供代办贷款、代办房地产登记等其他服务，未向委托人说明服务内容、收费标准等情况，并未经委托人同意的；

（三）房地产经纪服务合同未由从事该业务的一名房地产经纪人或者两名房地产经纪人协理签名的；

（四）房地产经纪机构签订房地产经纪服务合同前，不向交易当事人说明和书面告知规定事项的；

（五）房地产经纪机构未按照规定如实记录业务情况或者保存房地产经纪服务合同的。

第三十四条　违反本办法第十八条、第十九条、第二十五条第（一）项、第（二）项，构成价格违法行为的，由县级以上人民政府价格主管部门按照价格法律、法规和规章的规定，责令改正、没收违法所得、依法处以罚款；情节严重的，依法给予停业整顿等行政处罚。

第三十五条　违反本办法第二十二条，房地产经纪机构擅自对外发布房源信息的，由县级以上地方人民政府建设（房地产）主管部门责令限期改正，记入信用档案，取消网上签约资格，并处以1万元以上3万元以下罚款。

第三十六条　违反本办法第二十四条，房地产经纪机构擅自划转客户交易结算资金的，由县级以上地方人民政府建设（房地产）主管部门责令限期改正，取消网上签约资格，处以3万元罚款。

第三十七条　违反本办法第二十五条第（三）项、第（四）项、第（五）项、第（六）项、第（七）项、第（八）项、第（九）项、第（十）项的，由县级以上地方人民政府建设（房地产）主管部门责令限期改正，记入信用档案；对房地产经纪人员处以1万元罚款；对房地产经纪机构，取消网上签约资格，处以3万元罚款。

第三十八条　县级以上人民政府建设（房地产）主管部门、价格主管部门、人力资源和社会保障主管部门的工作人员在房地产经纪监督管理工作中，玩忽职守、徇私舞弊、滥用职权的，依法给予处分；构成犯罪的，依法追究刑事责任。

第六章　附　则

第三十九条　各地可以依据本办法制定实施细则。

第四十条　本办法自2011年4月1日起施行。

附录二

住房城乡建设部等部门
关于加强房地产中介管理促进行业健康发展的意见

建房〔2016〕168号

各省、自治区、直辖市住房城乡建设厅（建委、房地局）、发展改革委、物价局、通信管理局、工商局（市场监督管理部门）、银监局，中国人民银行上海总部、各分行、营业管理部、省会（首府）城市中心支行、副省级城市中心支行，各省、自治区、直辖市、计划单列市国家税务局、地方税务局：

房地产中介行业是房地产业的重要组成部分。近年来，房地产中介行业发展较快，在活跃市场、促进交易等方面发挥了重要作用。但部分中介机构和从业人员存在着经营行为不规范、侵害群众合法权益、扰乱市场秩序等问题。为加强房地产中介管理，保护群众合法权益，促进行业健康发展，现提出以下意见：

一、规范中介服务行为

（一）规范中介机构承接业务。中介机构在接受业务委托时，应当与委托人签订书面房地产中介服务合同并归档备查，房地产中介服务合同中应当约定进行房源信息核验的内容。中介机构不得为不符合交易条件的保障性住房和禁止交易的房屋提供中介服务。

（二）加强房源信息尽职调查。中介机构对外发布房源信息前，应当核对房屋产权信息和委托人身份证明等材料，经委托人同意后到房地产主管部门进行房源信息核验，并编制房屋状况说明书。房屋状况说明书要标明房源信息核验情况、房地产中介服务合同编号、房屋坐落、面积、产权状况、挂牌价格、物业服务费、房屋图片等，以及其它应当说明的重要事项。

（三）加强房源信息发布管理。中介机构发布的房源信息应当内容真实、全面、准确，在门店、网站等不同渠道发布的同一房源信息应当一致。房地产中介从业人员应当实名在网站等渠道上发布房源信息。中介机构不得发布未经产权人书面委托的房源信息，不得隐瞒抵押等影响房屋交易的信息。对已出售或出租的房屋，促成交易的中介机构要在房屋买卖或租赁合同签订之日起2个工作日内，将房源信息从门店、网站等发布渠道上撤除；对委托人已取消委托的房屋，中介机构要在2个工作日内将房源信息从各类渠道上撤除。

（四）规范中介服务价格行为。房地产中介服务收费由当事人依据服务内容、服务成本、服务质量和市场供求状况协商确定。中介机构应当严格遵守《中华人民共和国价格法》、《关于商品和服务实行明码标价的规定》及《商品房销售明码标价规定》等法律法规，在经营场所醒目位置标识全部服务项目、服务内容、计费方式和收费标准，各项服务均须单独标价。提供代办产权过户、贷款等服务的，应当由委托人自愿选择，并在房地产中介服务合同中约定。中介机构不得实施违反《中华人民共和国价格法》、《中华人民共和国反垄断法》规定的价格违法行为。

（五）规范中介机构与金融机构业务合作。中介机构提供住房贷款代办服务的，应当由委托人自主选择金融机构，并提供当地的贷款条件、最低首付比例和利率等房地产信贷政策，供委托人参考。中介机构不得强迫委托人选择其指定的金融机构，不得将金融服务与其他服务捆绑，不得提供或与其他机构合作提供首付贷等违法违规的金融产品和服务，不得向金融机构收取或变相收取返佣等费用。金融机构不得与未在房地产主管部门备案的中介机构合作提供金融服务。

（六）规范中介机构涉税服务。中介机构和从业人员在协助房地产交易当事人办理纳税申报等涉税事项时，应当如实告知税收规定和优惠政策，协助交易当事人依法诚信纳税。税务机关对在房地产主管部门备案的中介机构和取得职业资格的从业人员，其协助房地产交易当事人办理申报纳税事项诚信记录良好的，应当提供方便快捷的服务。从业人员在办理涉税业务时，应当主动出示标明姓名、机构名称、国家职业资格等信息的工作牌。中介机构和从业人员不得诱导、唆使、协助交易当事人签订“阴阳合同”，低报成交价格；不得帮助或唆使交易当事人伪造虚假证明，骗取税收优惠；不得倒卖纳税预约号码。

二、完善行业管理制度

（七）提供便捷的房源核验服务。市、县房地产主管部门要对房屋产权人、备案的中介机构提供房源核验服务，发放房源核验二维码，并实时更新产权状况。积极推行房地产中介服务合同网签和统一编号管理制度。房地产中介服务合同编号应当与房源核验二维码关联，确保真实房源、真实委托。中介机构应当在发布的房源信息中明确标识房源核验二维码。

（八）全面推行交易合同网签制度。市、县房地产主管部门应当按照《国务院办公厅关于促进房地产市场平稳健康发展的通知》（国办发〔2010〕4号）要求，全面推进存量房交易合同网签系统建设。备案的中介机构可进行存量房交易合同网上签约。已建立存量房交易合同网签系统的市、县，要进一步完善系统，实现行政区域的全覆盖和交易产权档案的数字化；尚未建立系统的，要按规定完成系统建设并投入使用。住房城乡建设部将开展存量房交易合同网签系统建设和使用情况的专项督查。

（九）健全交易资金监管制度。市、县房地产主管部门要建立健全存量房交易资金监管制度。中介机构及其从业人员不得通过监管账户以外的账户代收代付交易资金，不得侵占、挪用交易资金。已建立存量房交易资金监管制度的市、县，要对制度执行情况进行评估，不断优化监管方式；尚未建立存量房交易资金监管制度的，要在2016年12月31日前出台监管办法，明确监管制度并组织实施。省级住房城乡建设部门要对所辖市、县交易资金监管制度落实情况进行督促检查，并于2016年12月31日前将落实情况报住房城乡建设部。

（十）建立房屋成交价格和租金定期发布制度。市、县房地产主管部门要会同价格主管部门加强房屋成交价格和租金的监测分析工作，指导房屋交易机构、价格监测机构等建立分区域房屋成交价格和租金定期发布制度，合理引导市场预期。

三、加强中介市场监管

（十一）严格落实中介机构备案制度。中介机构及其分支机构应当按规定到房地产主管部门备案。通过互联网提供房地产中介服务的机构，应当到机构所在地省级通信主管部门办理网站备案，并到服务覆盖地的市、县房地产主管部门备案。房地产、通信、工商行政主管部门要建立联动机制，定期交换中介机构工商登记和备案信息，并在政府网站等媒体上公示备案、未备案的中介机构名单，提醒群众防范交易风险，审慎选择中介机构。

（十二）积极推行从业人员实名服务制度。中介机构备案时，要提供本机构所有从事经纪业务的人员信息。市、县房地产主管部门要对中介从业人员实名登记。中介从业人员服务时应当佩戴标明姓名、机构名称、国家职业资格等信息的工作牌。各地房地产主管部门要积极落实房地产经纪专业人员职业资格制度，鼓励中介从业人员参加职业资格考试、接受继续教育和培训，不断提升职业能力和服务水平。

（十三）加强行业信用管理。市、县房地产主管部门要会同价格、通信、金融、税务、工商行政等主管部门加快建设房地产中介行业信用管理平台，定期交换中介机构及从业人员的诚信记录，及时将中介机构及从业人员的基本情况、良好行为以及不良行为记入信用管理平台，并向社会公示。有关部门要不断完善诚信典型“红名单”制度和严重失信主体“黑名单”制度，建立健全守信联合激励和失信联合惩戒制度。对诚实守信的中介机构和从业人员，在办理房源核验、合同网签、代办贷款等业务时，可根据实际情况实施“绿色通道”等便利服务措施；在日常检查、专项检查中优化检查频次；在选择中介机构运营管理政府投资的公租房时，优先考虑诚信中介机构。对违法违规的中介机构和从业人员，有关部门要在依法依规对失信行为作出处理和评价的基础上，通过信息共享，对严重失信行为采取联合惩戒措施，将严重失信主体列为重点监管对象，限制其从事各类房地产中介服务。有关部门对中介机构作出的违法违规决定和“黑名单”情况，要通过企业信用信息公示系统依法公示。对严重失信中介机构及其法定代表人、主要负责人和对失信行为负有直接责任的从业人员等，要联合实施市场和行业禁入措施。逐步建立全国房地产中介行业信用管理平台，并纳入全国社会信用体系。

（十四）强化行业自律管理。充分发挥行业协会作用，建立健全地方行业协会组织。行业协会要建立健全行规行约、职业道德准则、争议处理规则，推行行业质量检查，公开检查和处分的信息，增强行业协会在行业自律、监督、协调、服务等方面的功能。各级行业协会要积极开展行业诚信服务承诺活动，督促房地产中介从业人员遵守职业道德准则，保护消费者权益，及时向主管部门提出行业发展的意见和建议。

（十五）建立多部门联动机制。省级房地产、价格、通信、金融、税务、工商行政等主管部门要加强对市、县工作的监督和指导，建立联动监管机制。市、县房地产主管部门负责房地产中介行业管理和组织协调，加强中介机构和从业人员管理；价格主管部门负责中介价格行为监管，充分发挥12358价格监管平台作用，及时处理投诉举报，依法查处价格违法行为；通信主管部门负责房地产中介网站管理，依法处置违法违规房地产中介网站；工商行政主管部门负责中介机构工商登记，依法查处未办理营业执照从事中介业务的机构；金融、税务等监管部门按照职责分工，配合做好房地产中介行业管理工作。

（十六）强化行业监督检查。市、县房地产主管部门要加强房地产中介行业管理队伍建设，会同有关部门建立健全日常巡查、投诉受理等制度，大力推广随机抽查监管，建立“双随机”抽查机制，开展联合抽查。对存在违法违规行为的中介机构和从业人员，应当责令限期改正，依法给予罚款等行政处罚，记入信用档案；对违法违规的中介机构，应按规定取消其网上签约资格。对严重侵害群众权益、扰乱市场秩序的中介机构，工商行政主管部门要依法将其清出市场。

中华人民共和国住房和城乡建设部
中华人民共和国国家发展和改革委员会
中华人民共和国工业和信息化部
中国人民银行
国家税务总局
中华人民共和国国家工商行政管理总局
中国银行业监督管理委员会
2016年7月29日